100 IDEAS para levantar fondos

e625.com

100 IDEAS PARA LEVANTAR FONDOS
e625 - 2020
Dallas, Texas

Todas las citas Bíblicas son de la Nueva Biblia Viva (NBV) a menos que se indique lo contrario.

Editado por: **e625**
Diseño Interior: **JuanShimabukuroDesign**

ISBN: 978-1-946707-26-0

IMPRESO EN ESTADOS UNIDOS

100 IDEAS para levantar fondos

COLABORADORES

NATY Y JORGE MÉNDEZ
DAVID NOBOA
CASSY VIVEROS
LUCAS LEYS
MARVIN PAREDES
JAVIER TOLEDO

Y MIEMBROS DEL EQUIPO DE RECURSOS DE E625.COM

e625.com

PRESENTACIÓN IMPORTANTE

¿Quién no necesita ideas? Todos las necesitamos. Ideas frescas, excéntricas, inolvidables y osadas. Sobre todo, cuando el propósito es cautivar a un grupo selecto de personas con las verdades eternas de Dios.

La creatividad es un regalo del cielo y una gran noticia que tenemos para darte es que la creatividad de otros puede también ser tu creatividad. ¿Quién lo sabe todo por generación instantánea? Solo Dios. Los demás, aprendemos compartiendo ideas unos de otros y de eso se trata este libro y esta serie. (Este libro es parte de otros materiales de este estilo).

La creatividad se aprende. Demanda trabajo y planificación. Requiere algo de desinhibición cognitiva, fe y amor. ¿Por qué amor? Porque si te desespera que tu público aprenda, es porque les amas y cuando les amas, no tienes tantas trabas emocionales y excusas para no usar la creatividad y exponerte a hacer cosas diferentes.

El GRAN POR QUÉ

El punto de usar la creatividad en el ministerio no es ser creativos, sino eficaces y fieles y lograr lo que Dios puso en nuestras manos para lograr. Yo me resisto a esa idea antibíblica de que si es espiritual es aburrido y si es aburrido es porque es espiritual. ¿Por qué espiritual no puede ser emocionante? Lo emocionante es divertido. Atrapa y seduce y para eso usamos la creatividad. Nuestras actividades deben dejar en claro que no hay nada más emocionante que estar en la voluntad del Dios que nos escogió para una vida abundante (Juan 10:10) que sea catalizadora de su gracia (Efesios 2:10).

De manera aislada, casi todas estas ideas te pueden hacer creer que tu tarea es hacer algo espectacular para que tu público crea que eres espectacular. Pero sería un despropósito que el punto sea ese. El objetivo de cada idea está anclado en la pedagogía porque, aunque este libro en particular tiene ideas para conseguir los fondos necesarios, el propósito final es que tu ministerio cumpla con su misión.

DE LAS IDEAS A LA ACCIÓN

Quienes trabajamos en este libro no conocemos a tu público como tú, lo cual quiere decir que todo lo que leas demanda una adaptación y también un plan de ejecución. En muchas ocasiones el "timing" (o dicho en español, encontrar el tiempo oportuno) define el resultado de una idea más que la idea en sí misma. Lo que sabes de tu público determina si una idea es realizable o no con ellos, aunque igual, a veces te puedes sorprender.

Las ideas no tienen pies, manos u ojos, pero tú sí, así que no es que las ideas funcionan o no, sino que nosotros debemos trabajar para que las ideas lleguen a la acción. Planea con anticipación. Creatividad no es sinónimo de espontaneidad. Si la idea requiere materiales, lo primero es conseguir los materiales. Si la idea demanda cómplices, prepara a los cómplices lo mejor posible de antemano. Calendariza las ideas porque si esperas a la situación ideal para realizarlas, es posible que nunca vayan a suceder. Eso no quiere decir que no busques el tiempo oportuno como ya dijimos, pero oportuno no es sinónimo de perfecto.

LO VERDADERAMENTE SAGRADO

Por último, te recuerdo que prácticamente ninguna de las actividades que hacemos en el ministerio son sagradas. Lo sagrado es la Palabra de Dios y las personas a las cuales servimos. Los horarios, comportamientos y costumbres son detalles de los usos de cada contexto. Ni siquiera el templo es sagrado porque Dios no habita ahí (Hechos 17:24). Ni el horario de la reunión, la manera de sentarse, o el orden de actividades está en la Biblia lo cual quiere decir que Dios te dio libertad creativa para implementar distintas ideas de cara a la misión de hacer discípulos (Mateo 28.18). Claro que debemos ser sensibles a lo que nuestra comunidad interpreta de cada costumbre (Romanos 14:1-2) y que siempre debemos estar seguros de no ser cómplices de rebeldía barata o bajar los estándares de moralidad, pero con sentido común, en todo se puede innovar para ser cada vez más fieles a la tarea que Dios puso en nuestras manos.

¡Ánimo en Jesús!

Dr. Lucas Leys
Autor. Fundador de e625.com

CONTENIDO

TU LISTA DE IDEAS

IDEAS generales

1 MUESTRA EL RESULTADO

Algo fundamental a la hora de conseguir apoyo económico para tu ministerio es ayudar a la gente a *ver* cuál será el impacto de su ayuda.

Con mucha honestidad debemos responder la siguiente pregunta en la mente de la gente: *¿Cómo veo el resultado de mi esfuerzo?* La respuesta puede ser: a través de vidas cambiadas, voluntades transformadas, hijos no perdiendo la fe o nuevas familias viniendo a la iglesia, y para lograrlo, también debemos aprender a establecer metas y objetivos más terrenales e inmediatos. Ver familias en armonía y personas reconciliadas con Dios son, sin duda, parte de las grandes metas de la Iglesia, pero como probablemente el dinero se use inicialmente para comprar materiales, pintar el escenario, ayudar con algún salario o completar los instrumentos musicales, tenemos que primero hablar de eso, y aprender a hacer un puente entre esas primeras metas y los grandes objetivos de la iglesia.

Si lo que necesitamos en términos prácticos tiene que ver con lo que en verdad moviliza a la iglesia, debemos mostrarle a la gente que nos ve y escucha la conexión entre los objetivos, las necesidades inmediatas y el resultado una vez cumplido cada objetivo, para de esta forma movilizarlos a sumar sus finanzas para lograrlo. La regla básica es la siguiente: cuanto mejor se vea el resultado y más clara sea la conexión, más gente querrá ayudarte.

Este elemento parece muy obvio, pero lamentablemente no siempre lo es y por eso mucha gente en las iglesias locales no sabe para qué se pide dinero y por eso no da ni con entusiasmo ni como realmente puede. Por supuesto, les decimos que es para Dios, pero la razón de que tengas este libro en tus manos es que obviamente decir eso no siempre es suficiente; la razón válida detrás es que todos necesitamos ver una conexión directa entre los esfuerzos que hacemos y los resultados que anhelamos, y esto es vital para todas las ideas que leerás a continuación.

2. DONACIONES PRIVADAS Y VENTAS PÚBLICAS

Conseguir donaciones para reventa es una idea básica para levantar fondos para una buena causa, y una buena idea para darle un golpe extra de gracia es concentrar las ventas en un día específico y que el espacio escogido sea un lugar bien público. Busca y organiza una lista de personas que puedan hacer donaciones de artículos para vender. Hazte de algunos ayudantes y recoge los artículos donados o bien pide a la gente que te los lleve a un lugar que hayas designado previamente. Al mismo tiempo, elige un lugar como una plaza o esquina concurrida de tu comunidad. Pide permiso o al menos averigua acerca de los requisitos necesarios para poner allí unas mesas o alfombras (mantas de colores) y algunos carteles.

Claro, esto también lo puedes hacer en el fondo de la iglesia, en la puerta o el estacionamiento, pero el hecho de que sea hecho en un lugar bien visible nos ayudará con el entusiasmo y las ventas.

El día de la venta, puedes distribuir mesas o alfombras por categorías, como comida, ropa y juguetes.

3. RENUNCIO A...

Desafía a los miembros de tu congregación o comunidad a renunciar a algo que usualmente consumen durante la semana, y que se done ese dinero a la causa por la que están trabajando. Un ejemplo de esto es alguna comida afuera o un café, aunque las posibilidades son muchas.

Los participantes que se comprometan incluso se darán cuenta de cuánto dinero o calorías consumen por semana de ese producto y así podrán ayudarte tomando un poco el control de sus vidas en ese aspecto. Un mes entero sin Starbucks es un ejemplo de este desafío.

4. OFRECE TUTORES ESCOLARES

Los padres de tu comunidad quieren que a sus hijos les vaya bien en la escuela y tú puedes ayudarles a establecer un programa de tutorías después de la escuela en la iglesia. Pide a los universitarios que te ayuden con los chicos de bachillerato, y a los de bachillerato con los de los demás años o busca voluntarios entre los mismos padres. Lo ideal es que organices una agenda con el tipo de tutorías según las materias en las que los chicos sean menos hábiles. Puedes pedir a los padres una cuota por las clases impartidas; ese puede ser un excelente ingreso.

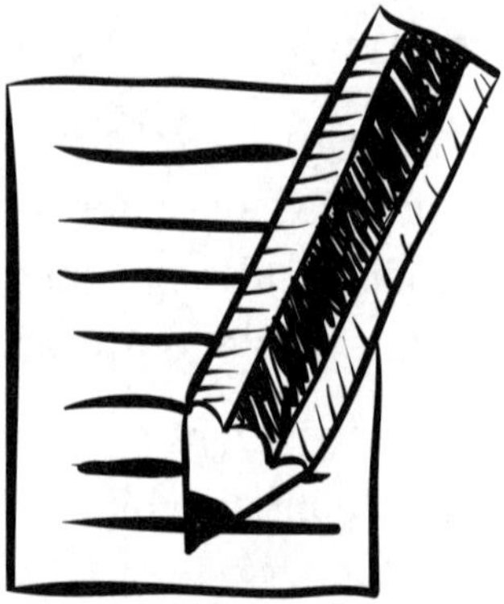

5. RECICLA

En la mayoría de las localidades es posible ganar dinero al reciclar papel de periódico, vidrio, plástico,

aluminio y mucho más. Se requiere mucha cantidad para que la idea se convierta en una inversión, pero si lo organizas adecuadamente, puede resultar en un buen método a fin de obtener dinero para tus proyectos en desarrollo.

Anima a la congregación y los vecinos para que participen en el reciclaje; si es necesario, organiza a los miembros de tu ministerio creando recorridos para recoger los materiales en cada casa y logra que la iniciativa se "vea", por ejemplo, poniendo grandes canastos para el reciclado en la puerta de entrada de la iglesia.

6. LIMPIA VENTANAS

En los cruces de calles de muchos países es normal ver a jóvenes limpiando los parabrisas de los automóviles, pero lo que no es tan usual es ofrecer también este servicio a las tiendas y comercios.

Si por ejemplo hablas con los administradores de un gran centro comercial y les explicas quiénes somos, puedes conseguir hacerlo por una buena suma garantizada, o si no, puedes ir negocio por negocio ofreciendo el servicio. Si tus jóvenes van con su mejor predisposición y explicas bien lo que ofreces, no tendrás problemas en encontrar clientes agradecidos, y no tengas temor de ofrecer un precio fijo por cantidad de vidrieras o ventanas limpiadas.

Lo que te puede funcionar incluso mejor es ir a ofrecer el servicio y arreglar un día y horario específico como, por ejemplo, el sábado antes de que el negocio abra; de esta forma, la tarea no obstaculizará su funcionamiento y sus dueños estarán mejor predispuestos a colaborar.

7. LAVA AUTOS

Se necesitan algunas franelas y trapos, jabón líquido, recipientes, acceso a una fuente de agua, cepillos, papel de periódico y escobas de cerda muy suave.

Busca lugares en donde la gente esté predispuesta a pagarte, por ejemplo, afuera de tu congregación o en el estacionamiento de un parque, club o cancha. Si lo haces con la gente de tu iglesia, puedes avisar con anticipación para que traigan el dinero para apoyarte. Promociónalo con tiempo y deja en claro cuál es el motivo por el que recaudan fondos. Es ideal dividirse en equipos de 4 o 5 personas, así cada equipo se ocupa de un auto, pudiendo lavar varios a la vez. Si lo hacen en un lugar público, deberán ser respetuosos y agradecidos, pero también divertidos, pudiendo agregar música, globos y algunos disfraces; así la gente querrá ayudar, aunque no tenga un interés especial en tu causa. Designa a dos o tres personas para que se ocupen exclusivamente del registro de los autos y de la cobranza, con un costo standard para todos los vehículos, aunque se puede cobrar más por los autos más grandes si así lo deciden. Verás que algunas personas pueden ofrendar más de lo que has programado.

Antes de comenzar, pide a alguien con experiencia en el tema que entrene a tu equipo para hacerlo bien y no tener quejas al final del trabajo.

8. PASEA PERROS

Organiza a los jóvenes, adolescentes o incluso a los niños mayores de tu ministerio en equipos de paseadores de perros para ofrecer sus servicios a la comunidad. Puedes explicar el motivo de la recaudación de fondos y solicitar una donación por cada vez que se pasee a los perros, o

simplemente organizar un sábado a la mañana o domingo por la tarde para visitar todo el vecindario ofreciendo el servicio a un precio accesible a quienes lo soliciten.

9. EL MES DE LAS MEJORES CALIFICACIONES

Involucra a los padres y a los chicos en esta actividad. Habla con los padres y pídeles que aporten una suma de dinero al ministerio por cada calificación A o B (o su equivalente en tu país) que sus hijos obtengan en sus estudios durante un mes. Por ejemplo, puede ser 1 dólar por una A y $0.50 por una B. Esto motivará a los chicos a obtener buenas calificaciones y tu ministerio se beneficiará.

Tu iglesia, ministerio u organización puede ofrecer que se dupliquen los ingresos por esas calificaciones, y esta idea puede servir para conseguir cosas específicas que se necesiten, como un nuevo instrumento musical costoso, poder pintar toda el área para los niños etc., etc.

10. GOFUNDME Y OTROS SERVICIOS ONLINE

En un mundo digital, donde pasamos tanto tiempo usando un teléfono, es fundamental que tu ministerio u organización tenga un espacio web con la posibilidad de recibir donaciones y, tomando en cuenta la idea 1 de este libro, será bueno ser específicos con respecto a para qué sirven las donaciones. De eso se trata Gofundme y otros servicios web como crowdfundme.com o doublethedonation.com, que han creado la posibilidad de crear cuentas con metas específicas brindándole a la gente la posibilidad de hacer donaciones.

Busca estas páginas online y toma la iniciativa de usarlas a tu favor o de aprovechar sus componentes más simples para armar una web personalizada. Es muy probable que en tu iglesia haya más de un joven que sabe bien cómo ayudarte a hacerlo y, como ya dejamos en claro, si la meta es buena y realizable, le estarás dando a la gente una manera de ayudarte a alcanzarla.

11. BRAZALETES

Hay dos tipos de brazaletes que puedes vender para ayudarte a conseguir el dinero que necesitas. Los del primer tipo son los fabricados online por empresas que

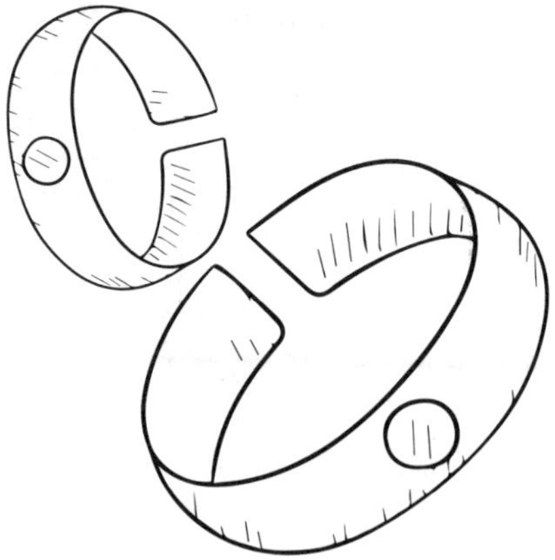

ofrecen herramientas de marketing y publicidad. Generalmente son de silicona y, hechos en cantidad, son accesibles y atractivos por la gran variedad de colores disponibles y por el hecho de que puedes ponerles tu logo o el slogan de tu campaña. La clave, además de su venta, es conseguirlos a muy buen precio y por eso es bueno que busques ofertas en negocios de tu ciudad, además de los que se ofrecen online. Esta iniciativa debe hacerse a gran escala, porque cuantos más brazaletes hagas, más baratos te costarán, pero también más deberás vender.

El segundo tipo de brazaletes, e ideales para una escala más pequeña, son los artesanales, que puedes fabricar con un grupo de voluntarios. Puedes hacerlos de muchas clases y según materiales y colores que sean atractivos en tu zona.

12. TODAS LAS MONEDAS PERDIDAS DE TU VIDA

Prepara a los miembros de tu ministerio y, por qué no, de tu congregación, para que un día traigan todas las monedas que tengan en sus casas. Ten listas algunas alcancías, quizás graciosas o cómicas, para que puedan depositarlas el día indicado.

Para prepararlos a todos, quizás puedas predicar sobre la parábola de la moneda perdida, y claro, al terminar el día deberás contar las monedas e ir a un banco a cambiarlas...

13. LLENA UN RESTAURANT A CAMBIO DE UN PORCENTAJE

Busca un restaurante local, quizás de algún cristiano amigo, que quiera compartir un porcentaje de las ganancias de un día específico e invita a toda tu congregación a ir a comer, explicándoles lo que se hará con las ganancias.

Si el restaurante se llena ese día con tus hermanos y amigos, le habrás hecho a su dueño un favor publicitario; venderán lo suficiente para sacar su ganancia diaria y habrán ganado algo de dinero extra como para darte a ti una parte.

Prepara una carta explicando el motivo por el que están juntando fondos (cosas que le importen a la gente, como becar a adolescentes para un campamento o comprar útiles escolares para los niños de la comunidad) y, una vez que el restaurante acepte tu propuesta, promociónalo en tu comunidad y congregación, procurando que el evento sea en un día y hora donde la mayoría de las personas que conoces pueda concurrir.

Si el restaurante puede promocionar especialmente ese día y lo anuncias con tiempo, la atracción será todavía mayor.

14. TRES CARTAS

Los emails y los llamados por teléfono funcionan, pero si hay un medio que está olvidado y que puede llamar mucho la atención es una buena carta. Una opción sencilla y efectiva para recaudar fondos es escribiendo una carta que explique la razón por la que se están recaudando fondos, cómo se puede donar y la cantidad de dinero que se necesita recaudar. Toma en cuenta que algunas personas o negocios necesitarán un recibo deducible de impuestos, así que habla con la administración de tu iglesia para asegurarte de que puedan extender ese comprobante.

Si la persona hace su donación, no olvides enviarle una carta de agradecimiento y también un informe de cómo se utilizaron los fondos una vez cumplida la meta propuesta.

Si haces bien esta secuencia de tres cartas, te habrás asegurado no solo de que te den una vez, sino de que lo hagan en la próxima ocasión especial en la que necesites ayuda.

15. ALCANCÍAS Y LATAS DE CAMBIO

Una buena opción cuando hay objetivos específicos como comprar un nuevo teclado o becar a algunos chicos para el próximo campamento, es hacer algunas alcancías atractivas y repartirlas por la iglesia o incluso por negocios cercanos, explicando brevemente para qué es el dinero. Por ejemplo, la alcancía puede decir “Donaciones para campamento o misiones” o “Necesitamos un nuevo teclado”, etc. Consigue que tus jóvenes y adolescentes traigan un buen número de latas o frascos con tapa, decórenlos como más les guste y agreguen una nota explicando la razón por la que desean recaudar fondos. Si la explicación es larga, pueden escribir una carta o nota que se entregue junto con la lata.

Después llévenlos a comercios locales y cada semana visiten las tiendas para retirar lo que haya en cada alcancía.

16. LIBROS ESCOLARES

Puedes realizar una colecta de libros que los hermanos de tu iglesia o vecinos ya no usen y unirla a una venta de garaje, o realizar un día especial de venta de libros y útiles escolares al inicio de las clases. Si tu iglesia o ministerio pueden hacerla, es una ocasión sensacional para regalar a cada familia algunas cosas, pero perfectamente puedes cobrarles un precio accesible por los libros recolectados. Decide con sabiduría en qué fecha lo harás, para que tengas los mejores resultados como pueden ser, por ejemplo, los fines de semana anteriores al inicio de clases.

Explica claramente la necesidad de contar con materiales en buen estado para el estudio; cuando hagas la colecta, te sorprenderás al ver libros escolares que han sido usados solo una vez, y otros que, en muchos casos, ni siquiera se han utilizado.

17. LIBRERÍA

Si tu iglesia no tiene una librería cristiana, tu ministerio puede encargarse de abrir una. ¿Cómo se hace? Comienza por asegurarte de que el pastor te dé la iniciativa, o si eres el pastor, tómala tú mismo y visita alguna librería cristiana grande que pueda venderte al por mayor.

Inicialmente deberás hacer una buena inversión para conseguir el mejor precio, pero con constancia y astucia, una librería cristiana en tu iglesia puede ser una gran entrada de fondos extra.

Si el monto de la inversión inicial te da algo de vértigo, busca un par de hermanos de la iglesia que puedan hacerte un préstamo, o mejor aún, una donación, explicándoles que vas a multiplicar esa donación con esta iniciativa. Si eres de una iglesia reconocida de la ciudad quizás puedas también pedirle a la misma librería o distribuidora algo de crédito.

Para darte una idea a la hora de negociar: un distribuidor promedio podrá darte un descuento de entre el 40 y el 50 por ciento con respecto al precio de venta al público si le compras una buena cantidad de artículos.

Luego, elige bien el lugar donde se exhibirán los libros y cómo lo harás. Asegúrate de que el lugar llame la atención y de que la gente no tape los libros si se pone a mirarlos.

Asegúrate también de que los líderes de la iglesia lean y sean promotores de tus libros. Esto les hará bien a todos y será fundamental para las ventas.

Y cuidado a la hora de elegir los libros, piensa en la gente de tu iglesia, y no solamente en lo que a ti te gusta leer o lo que te gustaría que lean. Piensa en qué tipo de libros les atraen y qué necesitan las distintas familias. Un pequeño secreto de la industria editorial cristiana es que quienes más libros compran son las mamás, pero tú no le digas a nadie que leíste esto en este libro.

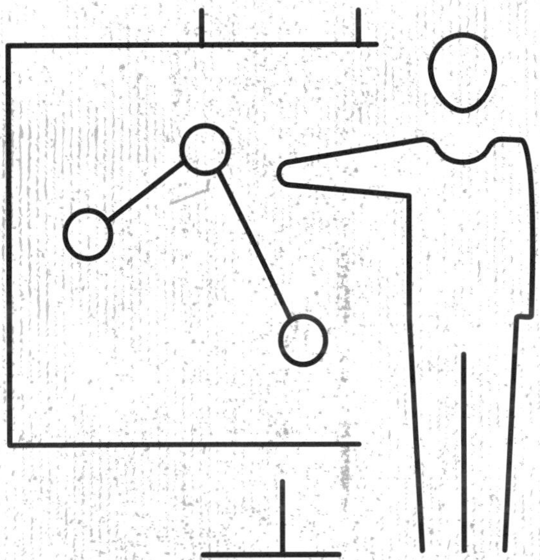

IDEAS

para venta de publicidad

18. PATROCINADORES

Utiliza los eventos más atractivos de tu iglesia, como congresos o conciertos, para obtener un ingreso extra por medio de publicidad. Busca comercios o profesionales a los que les interese anunciar algún producto o servicio durante el evento. Ten en cuenta invitar a comercios que sean atractivos para el público que asistirá. Por ejemplo, si haces uno para la familia, quizá un parque acuático o de niños de tu ciudad sea una buena opción en donde poner avisos, sobre todo si sabes que va a haber muchos padres de niños pequeños.

Tienes varias maneras de obtener ingresos por medio de esta opción como, por ejemplo, vendiendo espacios en la publicidad impresa del evento u ofreciendo otras cosas, como stands, colocación de algún banner de la empresa o ministerio en un lugar estratégico durante el evento, o bien hacer un anuncio proyectando un video y compartiendo una breve entrevista acerca del producto o negocio que te patrocine la iniciativa. Hay muchas personas y negocios a los que les puede interesar atraer la atención de tu público y, a su vez, a tu público puede interesarle y serle útil conocer ese producto o negocio. Maneja esto manteniendo las cuentas claras y limpias y así todos saldrán ganando.

19. PUBLICIDAD EN EMAILS, REVISTAS O BOLETINES

Una idea similar a la anterior, pero aplicable durante todo el año, es incluir espacios publicitarios en la comunicación de tu iglesia con sus miembros.

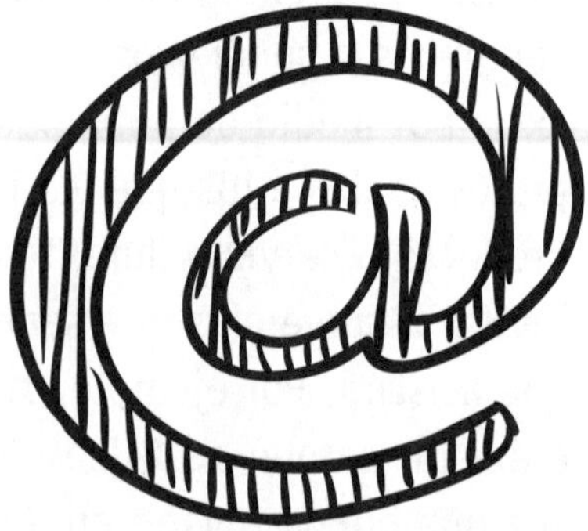

Si todavía no disponen de una lista de emails de los miembros de la congregación, a los que al menos mensualmente enviarles contenido e información de las propuestas de la iglesia, comienza por crear una. El objetivo es estar comunicados, y en estos emails es posible incluir algunas publicidades, que no deben exceder el 20% del contenido.

La manera usual de hacer esto es mediante un boletín informativo o revista impresa; muchas iglesias manejan uno semanal, de esos que también puede incluir publicidad. Si brindas un buen contenido y respetas la proporción de contenido y publicidades (80/20 %), ofrece este servicio con confianza y podrás obtener algún ingreso extra para tu ministerio.

20. MANTELES O POSAVASOS PERSONALIZADOS

Diseña un lindo mantel individual o un posavasos (o ambos) que disponga de un espacio para colocar publicidad o una tarjeta de presentación. Haz que los miembros de tu ministerio visiten locales comerciales llevando muestras de tu trabajo, y que lo presenten junto a una reseña explicativa que exprese el motivo de venderlos, aunque, claro, puedes ofrecerlos solamente en tu congregación si así lo deseas.

Para distribuir los manteles o posavasos tienes dos posibilidades: luego de conseguir suficientes patrocinadores, puedes regalarlos a toda la congregación (posiblemente a los que sean comerciantes les interese más esta opción) o si no puedes venderlos si las publicidades no son demasiado explícitas.

21. TARJETAS DE DESCUENTO

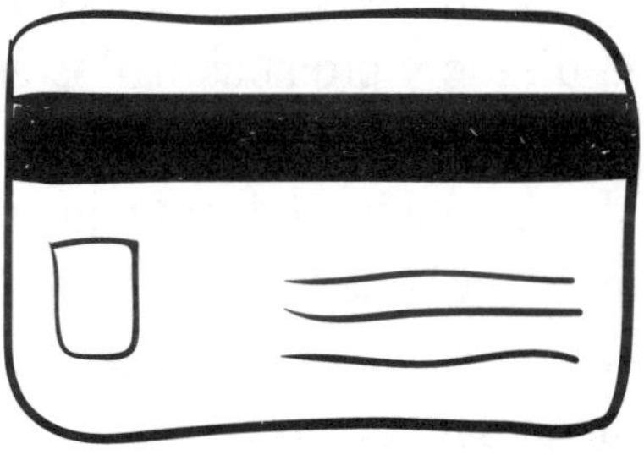

Los centros comerciales tienen muchas tiendas que ofrecen descuentos especiales a organizaciones o iglesias que desean recaudar fondos por una causa social o viaje misionero. Antes de hablar con sus encargados, asegúrate de tener en claro la misión y la cifra de tu solicitud. Una vez que tengas la lista de tiendas y los descuentos, diseña una tarjeta en la que puedas incluir todos los descuentos de las tiendas e imprime un número suficiente para repartir entre los miembros de tu iglesia u organización. Ofrece las tarjetas a cambio de un aporte voluntario a conocidos, amigos y miembros de la iglesia.

22. CALENDARIOS

Los calendarios son siempre algo útil y cuando están personalizados con el logo y la misión del ministerio pueden ser una buena fuente de ingresos, y a la vez, una buena manera de promocionar el propósito de la recaudación de fondos. Si son atractivos y están a buen precio, además de promover tu causa, serán muy fáciles de vender en tu comunidad.

Asegúrate de diseñarlos con suficiente tiempo como para tenerlos listos en noviembre, cuando la ya gente empieza a pensar en el año siguiente. Necesitarás suficiente tiempo para buscar una imprenta, hacer el diseño y promocionarlos en tu congregación o comunidad. La venta de los calendarios funciona siempre mejor antes de que inicie el año, aunque si vives en el hemisferio norte también podrás considerar como un buen momento el comienzo de las clases luego del verano.

Tienes la opción de agregar al calendario versículos e imágenes del viaje misionero, evento o la razón por la que se están recaudando fondos, o también puedes venderlos cada mes a un negocio diferente de la comunidad y dejar algunos para la iglesia o algún otro ministerio. Aprovecha las redes sociales para promocionarlos y considera si es un artículo que puedas vender no solo dentro sino fuera de la congregación.

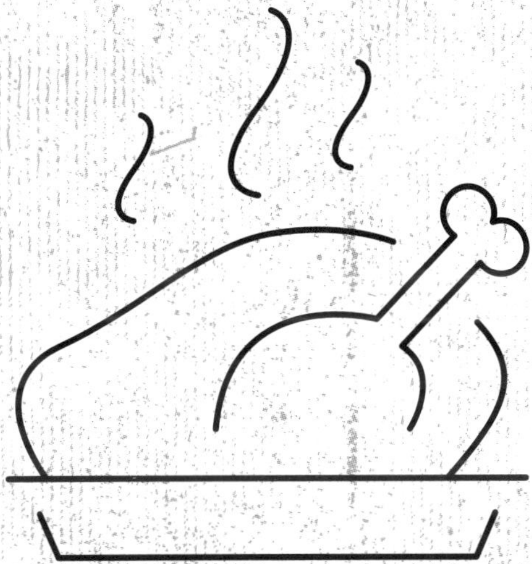

IDEAS

para venta de comida

23. El almuerzo listo

Puedes hacer que tus jóvenes vendan salchichas (perros calientes) y hamburguesas en la puerta o el

estacionamiento de la iglesia como una actividad para recaudar fondos o para un evento especial. Los chicos deberán ofrecer el servicio a la salida de la reunión o en la ventanilla de los autos y esperar las órdenes de las personas que estén dentro del automóvil para entregarles su comida. Postres, bebidas y otros refrigerios también pueden ofrecerse en el menú y si tienes más espacio, para que sea aún más divertido, puedes crear estaciones tipo restaurante de comidas rápidas. Algo que funciona muy bien, que todos aprecian, y es fácil y barato, son las palomitas de maíz. Y sí, sabemos que probablemente en tu país se llaman diferente, porque son una de las cosas que más nombres distintos tienen en español... Googlealo si no nos crees (cancha, pisingallo, poporopo, pororó o pochoclo son solo algunos de ellos).

24. EL GRAN LIBRO DE LAS RECETAS SECRETAS

Anima a los miembros de tu congregación a compartir diferentes tipos de recetas de comidas, y junto con los chicos de tu grupo diseña un recetario. Tienes la opción de crear un recetario digital, el cual puedes vender como ebook para diferentes plataformas digitales como Kindle, Google Play o simplemente entregarlo en un archivo PDF. Si consigues algún patrocinador que te ayude con la impresión del recetario, podrás obtener un ingreso extra.

25. DESAYUNO EN LA IGLESIA

Invita a la congregación a llegar un día bien temprano, antes de la reunión, y ten preparados desayunos rápidos según lo que se acostumbre en tu ciudad. A muchos les agradará la idea de hacer esto en la iglesia, y de paso ayudarte con las necesidades de tu ministerio.

26. VENTA DE BIZCOCHOS

Reúne a las mamás de tus jóvenes, adolescentes o niños y pídeles que te apoyen con dos docenas de bizcochos o piquecitos, siendo cada semana una mamá diferente la que lo haga. Ofrécelos antes de los servicios dominicales o durante las noches de eventos especiales. Puedes también agregar a tu oferta café caliente o bien algún otro tipo de bebida.

27. PAPOTAS

Averigua con algún proveedor de restaurantes dónde puedes adquirir las patatas más grandes y distribúyelas entre los chicos o los padres para que las horneen en sus casas, si no dispones de un lugar apropiado en la iglesia. Las papas son relativamente baratas, sobre todo si las compras en cantidad, les gustan a todos y puedes venderlas con muchos complementos distintos y, de hecho, ¡mientras más ingredientes tengas, mejor!

Aquí tienes las cantidades que necesitas para alimentar a cien personas:

215 patatas

4.5 kilogramos de queso chédar gratinado

4.5 kilogramos de cebollas picadas en trozos pequeños

4 litros de kétchup (Cátsup – jitomate – salsas picantes)

4.5 kilogramos de margarina

4.5 litros de crema agria

½ kilogramo de tocineta en trocitos

3.5 kilogramos de carne picada para hamburguesa

2 latas de 3.01 kilogramos de salsa de queso

1 lata de 3.01 kilogramos de chiles

3 bolsas de frijoles

1.5 kilogramos de brócoli congelado

4 latas de pimientos cortados en trozos

9 lechugas cortadas

1.5 kilogramos de tomate picado

Mucho papel de aluminio, papel o cartón

28. ALMUERZO ALTERNATIVO

El domingo casi nadie quiere cocinar, así que puedes aprovechar y preparar comida para que los miembros de la iglesia la disfruten después del servicio.

Ofrece algo sencillo, como hamburguesas, espagueti o alitas como plato principal; zanahorias, palitos de apio, ensaladas frías, papas fritas y galletas para acompañar, y promociona el almuerzo alternativo como: "nada de cocinar, desorden, comida rápida, pizza fría, planificar o hacer filas interminables."

Las personas podrán entrar en el momento que quieran al finalizar el servicio, e irse a la hora que más les guste. Los chicos pueden ser los que cocinen, preparen, limpien, sirvan y sean los anfitriones.

29. MACHOS EN LA COCINA

Organiza a un grupo de hombres que horneen galletas, panqueques, bizcochos, rosquillas, etc. y que sean ellos mismos los que los vendan en un evento que organices, llamado "Machos en la cocina". Puedes crear una competencia entre ellos, y que no puedan contar en ningún momento con la ayuda de las mujeres.

El solo hecho de que sean todos hombres los que cocinan, y que sea promocionado así, hará todo más divertido y podrá provocar además mayores ganancias.

30. VENTA DE BEBIDAS

Una forma de recaudar fondos que siempre funciona es vender agua embotellada, sodas y jugos durante la temporada de verano, o café y chocolate caliente durante el invierno (dependiendo del lugar donde vivas), ya sea antes o después de cada reunión. También puedes agregar algunos bocadillos, papas fritas o dulces. Puedes pedir donaciones a los chicos o a sus padres para empezar; después, puedes invertir parte de lo recaudado y crear un fondo fijo para el ministerio en el que trabajas. Busca lugares donde puedas vender las bebidas; lugares con mucha afluencia de gente son, por ejemplo, el bazar de tu comunidad, maratones, juegos de fútbol o algún otro deporte, eventos especiales o en la misma reunión dominical.

31 BUFÉ

Pide a los padres o jóvenes que donen un plato de comida para compartir con al menos 10 personas, arma una mesa con los distintos platos que les hayan donado y dispone un lugar con una linda decoración. Puedes hacer un bufé de pastas, ensaladas, emparedados o postres. Promociónalo y vende la entrada a un precio fijo o por donación. Te recomiendo que tengas un equipo de personas que te ayuden a servir la comida para que puedan rendir lo más posible.

32. FRASCOS

Consigue muchos frascos de vidrio y luego pide ayuda a los padres de tu iglesia, en especial a quienes les guste cocinar, para que preparen algo casero que se pueda envasar y vender.
Lo hecho en casa o "home made" es generalmente apreciado por las personas; hay muchos productos

que pueden ser atractivos, como dulces caseros, por ejemplo. Puedes diseñar una etiqueta o logo y ponerlo en todos los frascos, pintar las tapas involucrando a niños o adolescentes, y también, usar alguna tela para cerrar las tapas de los frascos para que se vean más atractivos.

Por supuesto, los voluntarios pueden también traer cada uno sus frascos y tú darles un toque artístico relacionado con tu ministerio. También puedes organizar un sorteo y además del frasco, vender un número para participar en algún premio.

IDEAS
para eventos especiales

33. TALLERES DE REPOSTERÍA

Encuentra una persona de tu congregación que sea experta en hacer postres, o quizás algún amigo; verás que siempre aparece alguien que conoce a la persona adecuada. Se tratará de hacer un taller teórico-práctico, es decir, que mientras das las instrucciones, los inscriptos podrán preparar varios postres al mismo tiempo reunidos en grupos.

Cada participante puede cubrir un costo de inscripción que incluya los ingredientes que se usarán, pero también podrías pedirle a cada uno que traiga lo necesario. No olvides tener listos los equipos y utensilios, así como el lugar que usarán como cocina. Ten en cuenta los recipientes, licuadora, horno, etc. Si te faltan algunas cosas, podrías pedirlas prestadas a alguien de la iglesia.

34. TALLER DE ALIMENTACIÓN SALUDABLE

Para contrarrestar la idea anterior, ja, ja, ja... puedes averiguar en tu comunidad si existen nutricionistas y médicos que deseen apoyar tu causa y así publicitar sus servicios. La salud es un tema que debe ser tratado de manera responsable, y usualmente le resulta interesante a todos si se lo presenta bien. Puedes cobrar una pequeña inscripción, entregar algún material que elija el profesional y hojas para tomar apuntes. Promociona la actividad durante un tiempo prudencial, involucrando a los miembros de tu ministerio con dramatizaciones graciosas, preferiblemente por medio de videos cortos que hagan sentirle a la gente que necesitan realizar ese taller. Organízate con el profesional a cargo para que puedan brindar un taller participativo y excelente, para así asegurarte de que la próxima vez que lo organices, todos quieran participar.

35. LA CENA SHOW CON EL MENÚ WOW

La idea es abrir solo por una noche tu propio restaurante con una experiencia culinaria elegante que incluya un entretenimiento con clase. Sin embargo, no todo lo que se ofrecerá será necesariamente cierto. La trampa está en la letra chica al final del menú, que dirá "la administración se reserva el derecho de hacer sustituciones sin el consentimiento del auspiciante". Así que, independientemente de lo que pida la gente,

todos comerán lo mismo.

El menú debe ser elaborado de manera que incluya platos extravagantes y a precios costosos, y deberá verse como un menú normal, a excepción de las líneas al pie de este. Agrega algún medio que te permita calcular la cantidad de comida que vas a necesitar. También necesitarás establecer un código de vestimenta y una decoración elegante.

El programa después de la cena puede incluir lo que desees, pero asegúrate de tomarte un tiempo para explicarles a todos para qué serán usados los fondos recaudados. Al final, pueden llevarle a cada comensal la cuenta y ofrecerles la opción de donar dinero extra.

36. CONCURSO DE COCINA

Dependiendo del lugar en donde vivas, puedes elegir el tipo de comida o postre por el cual concursarán los participantes. Cobra una cuota de inscripción y establece las reglas del concurso. Elige algunas personas de la congregación que sean buenas cocinando, o puedes invitar a algún chef de la ciudad contándole de qué se trata lo que estás haciendo, para que sea él el jurado. Invita a todos los que puedas para que prueben los platillos y sean parte de la actividad, e incluso puedes usarla para involucrar a toda tu comunidad y que además sea una oportunidad para evangelizar.

37. BINGO

Un bingo es una actividad divertida y relativamente fácil de hacer en tu iglesia o comunidad. Necesitas mucha difusión para que tenga una buena acogida. Lo ideal es que se pueda ir en familia a divertirse un poco. Por lo general los bingos resultan muy recreativos y les gustan a las personas mayores, pero tú puedes encontrarle la vuelta para que les guste también a los más jóvenes e incluso a los niños. Necesitarás pedir a varias personas que donen los diferentes premios, ya que son cruciales para que las personas puedan sentirse motivadas a asistir. Para lograr que se involucren personas de todas las edades quizás puedes hacer categorías por edades. Niños, personas de 13 a 30, adultos y mayores de 65 años. Puedes cobrar la entrada general o cobrar por cada tarjeta de bingo; incluso puedes hacer promociones, como ser, por la compra de dos tarjetas llévese tres o cosas así.

Necesitas conseguirte un bolillero para realizar el bingo, o también usar aplicaciones en el celular o programas de bingo en una computadora. También puedes aprovechar y armar un espacio en donde ofrezcas snacks y bebidas.

38. El FUTBOL MÁS DIVERTIDO DEL MUNDO

Presenta con bombos y platillos "el partido de fútbol más divertido del mundo", protagonizado por las diferentes áreas de trabajo de la iglesia y mezclándolas a todas entre sí. Al típico "casados contra solteros" le puedes incorporar fútbol en parejas, fútbol de pies atados, el mejor mes del año (equipos por mes de nacimiento) y puedes también crear torneos entre los padres y los jóvenes, y también entre los preadolescentes y los adolescentes. Organiza los torneos por edades, pudiendo finalizar con el de padres e hijos. Vende los boletos, otorga premios con las entradas, ofrece concesiones e incluye todo lo que puedas. Rota los equipos cada poco tiempo y el juego demostrará ser puras risas, siendo además una buena oportunidad para involucrar a las familias.

39. LA GRAN OBRA

Prepara una buena obra de teatro con los miembros de tu grupo y promociónala en la congregación, entre los padres y en tu comunidad. Arma el escenario según el tema de la obra y decora bien el lugar. Que tu grupo se lo tome en serio será fundamental para que quieran ensayar.

El día de la obra cobra por la entrada o incluso vende entradas por adelantado y también prepara palomitas de maíz y bebidas para la venta; así tendrás todo el ambiente preparado para una actividad memorable. Procura que tu presupuesto de decoración y producción no exceda lo que cobres por la entrada y para esto puedes pedirles a los padres que donen los disfraces de sus hijos, pero haz un esfuerzo de excelencia, así esta actividad podrá convertirse en una tradición anual con la que tu iglesia se destaque.

40. NOCHES ROMÁNTICAS 1

En algunos países es muy común que se promocionen los servicios de nanas, niñeras o "nannys" para que cuiden a los niños ante alguna salida o actividad especial de los padres. El caso es que a muchos papás se les complica tener citas románticas porque no cuentan con alguien de confianza a quien dejarles sus hijos. Aquí tienes una oportunidad para que tu grupo pueda obtener fondos, ya que puedes reunir a varios voluntarios y ofrecer el servicio por una suma accesible.

Una buena opción será establecer uno o varios días específicos durante el año donde publicites la idea y puedas ofrecer el servicio. Toma en cuenta que debes tener mucho cuidado en quien te ayuda en esta actividad. Brinda a tus voluntarios algún entrenamiento básico en cuidado de niños con alguien que ya lo haya hecho y asegúrate de que los papás firmen una hoja con un permiso oficial para que tu ministerio les ofrezca este servicio.

41. NOCHES ROMÁNTICAS 2

Prepara una cena de gala para los padres de tu ministerio y que, en esta ocasión, sean sus hijos los que cocinen, atiendan las mesas y ofrezcan algún tipo de espectáculo de entretenimiento.

Asegúrate de que ningún hijo se sienta abandonado si sus padres no participan o resulta que no tienen a alguno de ellos. Cobra una entrada que cubra los costos pero que te deje un margen de ganancia. Como un servicio extra, puedes vender flores para que los padres les regalen a sus esposas por un precio adicional.

42. CITAS RÁPIDAS

La industria de las citas produce millones de dólares al año y por eso existen tantos sitios web y servicios al que probablemente alguno de tus jóvenes se ha suscripto. ¿Por qué no tomar cartas en el asunto y proporcionar un lugar seguro y con un buen propósito para que los jóvenes adultos y adultos jóvenes de tu congregación hagan sus citas? Seguro que hay solteros y solteras en tu iglesia que podrás invitar a ser parte del evento. Si no hay los suficientes, puedes invitar a los de otras iglesias y cobrar una entrada por participante.

Todo lo que necesitas es un espacio donde puedas realizar el evento, algunas mesas, bebidas y tarjetas que ayuden a iniciar una conversación, y además un par de voluntarios.

Los solteros pagarán su boleto, pero aun así puedes animarlos a hacer una donación extra. ¡Todos ganan!

43. DESFILE DE PIJAMAS

Organiza una buena fiesta con varios juegos y competencias, añadiendo además buena música, ratos de alabanza y, por qué no, una breve reflexión, pero el punto central será el desfile de la noche que es ni más ni menos que de pijamas.

Quizás los adolescentes de tu iglesia se sientan intimidados, aunque puede que no. Seguramente los niños querrán participar, sobre todo si se quedan hasta tarde y todo termina con una película. No tengas temor de cobrar una entrada para algo así, ya que los padres estarán muy felices de invertir para que sus hijos pasen un momento positivo de sana diversión, y a la vez ayudar a que continúen las actividades de tu ministerio.

44. El día de los helados

Durante el verano no hay nada mejor que disfrutar de tu helado preferido y puedes prepararte para vender helados a la salida de las reuniones.

Por supuesto, el gran desafío es que no se te derritan demasiado rápido; lo demás será bastante obvio, ya que será necesario que puedas comprar los helados a bajo precio y servirlos relativamente rápido cuando la gente se te amontone.

Para asegurarte una rentabilidad, será mejor que no tengas demasiados gustos o sabores, para que así no te sobre nada. Puedes también agregarles condimentos (toppings), como nueces picadas, frutas o galletitas trituradas y lo que se te ocurra, para que todo sea más divertido.

45. Concurso de disfraces familiares

Que los niños o que los adolescentes se disfracen es algo relativamente común, pero que toda una familia lo haga es bastante más inusual.

Elige un buen premio para que haya más incentivo y, como siempre, promociona la actividad con tiempo, agregando globos y ejemplos que anticipen lo que va a pasar.

Si quieres, puedes darle un tema determinado, como los "superhéroes", y anunciar que si traen a sus mascotas o a los abuelos tendrán puntos extra. También, la familia pastoral puede dar el ejemplo y el pastor preparar un mensaje alusivo.

46. SERVICIO DE ENTREGA A DOMICILIO

En estos últimos años se están popularizando los servicios de reparto o de entregas a domicilio y muchos comercios de tu zona querrán ofrecerlo, así que puedes preparar a aquellos miembros de tu grupo o ministerio que dispongan de un medio de transporte (desde un automóvil a una bicicleta), para que puedan ofrecerlo.

Esta idea funciona mejor con servicios en donde el cliente tenga contacto directo con los “transportistas”, sin pasar por un intermediario que en este caso serías tú, pero ten cuidado de no dar contactos telefónicos de menores. El servicio puede cobrarse por kilómetro o peso, o bien cobrar una tarifa fija dentro de un área previamente establecida.

47. El juego del número

En un contenedor transparente (preferiblemente un frasco grande de vidrio) coloca “x” número de caramelos, monedas, chocolates, o bolitas (canicas), sabiendo exactamente cuántos hay y luego haz unos formularios en los que los participantes puedan decir cuál es la cantidad exacta que hay en el frasco.

Quienes quieran participar pagarán un boleto fijo y escribirán su número en el formulario, que tendrán que firmar y que podrá ser el mismo boleto que vendas.

Puedes dejar el frasco en un lugar visible por varios días o hacer esto durante una reunión especial.
El premio será el frasco con todo su contenido.
Si ninguno de los participantes acierta al número

correcto, le podrás entregar el premio a quien diga el número más cercano. Ten en cuenta que nadie más que tú deberá saber el número, al que podrás tenerlo escrito en un papel firmado por ti.

48. FERIA DE PROFESIONES

Muchos de los adolescentes de tu congregación quieren optar por una carrera o profesión, sin embargo, muchos de ellos no saben todavía qué estudiar debido a que, entre otras cosas, no tienen mucho conocimiento sobre las diferentes carreras o profesiones. Qué mejor que ofrecerles de primera mano esa información a través de una "Feria de carreras y profesiones", en donde distintos profesionales de diversas ramas puedan tener un stand donde expliquen en qué consiste su profesión, contar sus experiencias y recomendaciones.

Necesitas ponerte en contacto con los distintos profesionales que deseen apoyarte, quienes en su mayoría pueden ser de tu misma congregación, o bien conocidos y amigos que tengas tú o los miembros de tu equipo. La idea es que primero, cobres entrada a la feria para poder recolectar fondos para tu ministerio. No necesita ser algo muy costoso; el precio será simbólico pero dependerá de la convocatoria que tengas, y segundo, puedes vender "los stands" a universidades e institutos y hacer una guía con todos ellos.

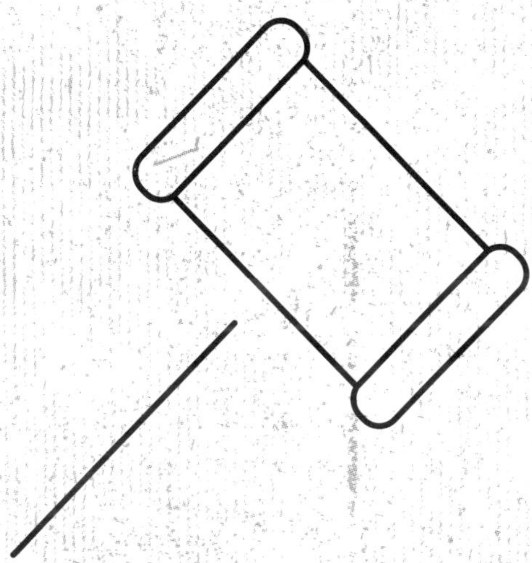

IDEAS
para subastas

49. INVITACIÓN AL MEJOR POSTOR

Coloca una caja en la iglesia donde las personas puedan dejar una tarjeta con la descripción breve de una comida especial que estarían dispuestas a preparar y servir en sus casas para el mejor postor. Esto puede incluir desde hamburguesas a la parrilla hasta cualquier otro plato que sea atractivo.

Los miembros de la iglesia pueden presentar todas las ofertas de comida que quieran y por cada una deberán especificar para cuántas personas estarán disponibles (puedes ofrecer el plato o la bandeja para dos, para cuatro o para los que quieran) y también pueden especificar si recibirán niños o no.

Entonces, luego de una reunión determinada, las invitaciones se podrán subastar al mejor postor sin decir quién preparará los platos. Al finalizar la subasta, el comprador y el vendedor acordarán una hora conveniente en la que podrán disfrutar juntos de la comida. Todas las ganancias se recaudarán al momento de la subasta y todo lo que se gane serán ingresos.

50. A LA CASA DEL PASTOR

La misma idea anterior se puede poner en práctica, pero ahora específicamente con una invitación a cenar a la casa del pastor. Lo que deberemos aclarar

enfáticamente es que el dinero no es para su familia sino para la causa y ministerio para el que se tome la iniciativa.

El pastor deberá preparar la cena el día indicado aclarando a cuántas personas espera, y quienes hayan sido los mejores postores habrán ganado la invitación a cenar en su casa.

51 El INVITADO DE HONOR

Otra variante de las dos ideas anteriores es que la subasta sea por llevar a comer a algún invitado especial que tenga la iglesia que resulte realmente atrayente para la gente de tu congregación.

Si tienes un evento grande durante el año puedes pedirle a tu invitado o invitados que se ofrezcan gentilmente para este fin. Lo que debes asegurarte, además de pedirles permiso, es que quienes ganen la subasta entiendan bien los horarios específicos para buscar a la persona y para finalizar la comida, las reglas de etiqueta (como dejar comer al invitado y no matarlo a preguntas) y que sean los invitados los que elijan el menú.

52. OFERTA DE TALENTOS

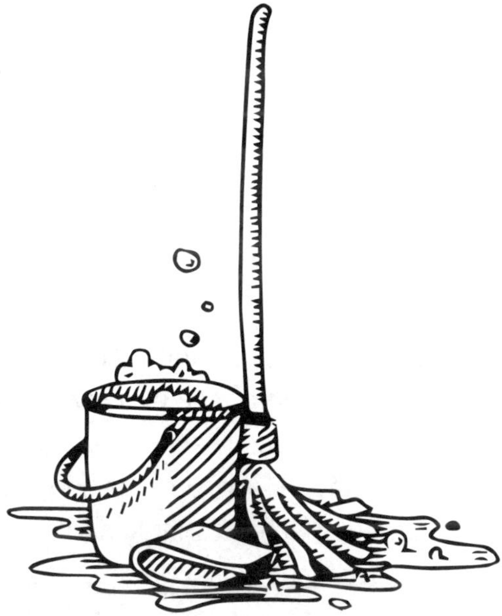

Coloca en un lugar visible una lista o menú de servicios con precios accesibles; arma esta lista con ayuda de los miembros de tu ministerio e incluye servicios como cortar el césped, lavar autos, limpiar casas, realizar las compras, etc., etc. Subasten los servicios disponibles en algún evento especial que organicen y hasta puedes hacer algunas bromas como que algunos de tus jóvenes tengan un gran moño o estén empaquetados como regalos.

Establece días y horas de los servicios y ofrécelos dentro de la iglesia o a conocidos de confianza. Siempre procura que sean en equipos de dos o más personas para que sea mucho más rápido, eficiente y seguro, y a la vez, que puedan abarcar la mayor cantidad de servicios en un solo día.

53. SUBASTA ALOCADA

Esta actividad funcionará mejor cuando tengas la seguridad de que asistirán muchas personas. Anticipa a los participantes que necesitarán mucho cambio en monedas y billetes de pequeña denominación. El artículo a rematar se pone en subasta, y el subastador ofrece el artículo en veinticinco centavos, la persona que ofrece los veinticinco centavos paga y pone las monedas en un contenedor que tengas previamente listo para el dinero. El rematador vuelve a ofrecer el artículo, pero ahora aumentando la oferta y la persona que ofrece el nuevo precio pone el dinero en el contenedor, y así hasta que nadie ofrezca más por el artículo. Un artículo que se venda en dos dólares (o el equivalente en tu moneda nacional), te va a dejar una suma mucho mayor ya que todo el dinero recaudado quedará en el contenedor.

54. LA ALCANCÍA DE LOS SEXOS

Busca una mesa que pueda soportar dos latas grandes de pintura vacías y pide a los miembros de tu ministerio que decoren la latas destacando que una es para las chicas y la otra para los chicos. Haz una ranura en las tapas de las latas para crear dos alcancías gigantes, y anima a las personas de la congregación a que depositen monedas en la lata de su preferencia.

Después de que hayan pasado un par de semanas, determinen cuál es la lata ganadora y, para establecerlo, el criterio puede ser la que pese más de las dos o la que tenga más dinero.

Si los hombres ganan, las mujeres serán las que trabajen la próxima semana en una actividad de venta de comida. Si las chicas ganan, los chicos se pondrán los delantales y serán ellos los que se encarguen de todo. Los hombres y mujeres adultos donarán los alimentos y al final todos ganarán porque estás integrando varias ideas y actividades en una sola.

55. ARTE MODERNO

Tómate el tiempo de recolectar wn la ciudad y también en negocios que venden chatarra, artículos que sean interesantes para los chicos de tu grupo de jóvenes o adolescentes. Forma con ellos algunos equipos o establece una competencia a nivel individual para que realicen obras de arte moderno.

Esta actividad funcionará mejor cuando exista un grupo grande y se organice todo con suficiente tiempo. Haz la subasta con tu grupo o con toda la iglesia armando una galería de arte. Te sorprenderá ver lo que tus jóvenes son capaces de hacer, y también de lo que ciertas personas estarán dispuestas a pagar por la chatarra, perdón, las obras de arte. Cuando la oferta sea buena, los resultados serán graciosos y, dependiendo de tu contexto y de cómo lo hagas, podrá ser un gran éxito. Un último consejo: la gente preferirá comprar cosas que puedan transportarse con facilidad.

IDEAS

para viajes misioneros

56. El viajero 10

Los viajes misioneros son una excelente oportunidad de servicio, y también son vitales para crear lazos de pertenencia entre los miembros de tu ministerio. Es una pena cuando alguien se queda afuera por no tener el dinero necesario para uno de estos viajes. Por eso, es vital conseguir el dinero suficiente para que nadie se pierda la oportunidad de ir a servir y al mismo tiempo tener una experiencia inolvidable.

Lo fantástico de los viajes misioneros es que es relativamente fácil demostrar su necesidad, y comunicarles a todos lo bueno que sería que ningún joven se perdiera esa oportunidad. Por eso, conseguirás mucha gente dispuesta a ayudarte, e incluso es bueno saber que las aerolíneas o las líneas de autobuses suelen hacer promociones en las que por cada 9 o 10 boletos que compres, obtienes uno gratis.

Obviamente, esto tienes que pedirlo de antemano para poder contemplarlo en tu presupuesto, pero si sabes que van a ser muchos los participantes y antes de promocionar tu actividad ya sabes los descuentos que obtendrás, podrás cobrar el viaje sabiendo que tendrás dinero extra para becar a algún joven.

Ponte una meta con respecto a cuántas personas quieres becar y comunícaselo a la congregación. Un becado por cada 10 personas es una buena proporción, es decir, si planeas llevar a 100, que tu meta sea poder becar a 10. Es bueno establecer desde el principio metas claras, incluyendo familias que puedan ayudarte, o incluso negocios a los que, más allá de representar a una iglesia, les interese la idea de que se pueda ir a algún lugar del que todos saben que tiene necesidades.

57. LA TABLA DE APORTES

No todos pueden dar una gran suma de dinero, pero muchos pueden dar una suma accesible para que una gran obra pueda realizarse. Por eso, conviene dividir el costo total en cuotas o en ladrillos de construcción cofeccionando una tabla.

Mira el siguiente ejemplo para recaudar $2,200 petrodólares, pesos, bolívares, balboas, colones, bitcoins interplanetarios o la moneda que se te ocurra.

Viaje Misionero a ________ Total a recaudar $2,200				
$200	$100	$100	$50	$25
$200	$100	$100	$50	$25
$200	$100	$50	$50	$25
$200	$100	$50	$50	$25
$200	$100	$50	$25	$25

Si observas con atención, verás que solo necesitas 25 personas que pongan dinero. Haz un cuadro grande y ponlo a la vista de todos, y a medida que alguien aporte o compre uno de los cuadrados, lo vas tachando y así todos verán el progreso que se está haciendo.

También existen páginas web que te pueden ayudar con este tipo de recaudación de fondos y las personas tendrán la opción de pagar online con tarjeta de crédito o débito.

58. IMPRESIÓN Y VENTA DE CAMISETAS

Esta actividad requiere un poco de inversión, pero ya te imaginas cuál es la idea.

Habla con tu pastor para que pueda entregarles la organización de la impresión de camisetas de cualquier evento, ministerio o actividad de la iglesia. Organiza a tu grupo para diseñar las camisetas (cuantos más participen, a más gente les gustará la idea). Imprímanlas ustedes mismos si es posible (de hecho, no es una mala idea comprar nuestros propios equipos de impresión, sobre todo en el caso de iglesias medianas o grandes,). Si no puedes hacer esa inversión ni juntar el dinero, busca un comercio local que haga este tipo de trabajos y negocia un precio con descuento; usualmente, cuando les llevas trabajo continuamente, te harán un descuento mucho mayor que si solo eres un cliente ocasional.

Si el dueño del lugar es un conocido o amigo y además le explicas lo que harás con el dinero, puedes también solicitarle que les rente o preste el lugar; así los chicos y tú pueden aprender un oficio diferente y ahorrarse el costo de la mano de obra.

59. TORNEOS DEPORTIVOS

Tú sabes cuáles son los deportes más populares en tu ciudad, y sabes bien que hay muchos deportistas amateurs y que seguramente en tu misma iglesia o en otras de tu área hay personas a las que les gustaría competir. Bueno, pasa a la acción y organiza un buen campeonato con tu ministerio y cobra una inscripción para los distintos equipos.

Demuestra primero que el torneo será algo serio. Asegúrate de crear buenos diseños gráficos y compártelos en las redes sociales. Escoge un lugar adecuado, busca árbitros o "referees", o incluso contrátalos de alguna liga de tu zona (cuanto más profesionales sean los árbitros, más seguro será el ambiente) y, sobre todo, asegúrate de que la copa que entregues sea vistosa.

Establece reglas claras y esfuérzate por lograr que tu equipo de trabajo tenga una buena actitud, asegurándonos de que todos disfruten y de que a nadie se le suban los humos competitivos a la cabeza. Tu iglesia puede destacarse por ser la que hace un buen campeonato; incluso, esta puede ser una gran actividad evangelística.

60. CONCURSO DE ARTE Y TALENTO

Cuando se habla de arte las opciones son muchas, en especial con los niños; su entusiasmo y osadía al expresarse pueden ir muy lejos.

Puedes reunir a los que les guste dibujar

o pintar, a los músicos y a los bailarines, e incluso también a los que lean cuentos o reciten poemas. Si quieres involucrar a toda la familia, las inscripciones podrán ser por categorías o por edades, dependiendo de lo que quieras lograr. Cada participante expone su obra de arte en una gran exposición con una entrada simbólica y ganan los participantes y sus familias; así, tus ingresos para lograr algún objetivo del ministerio estarán asegurados.

Normalmente asistirán los familiares de los mismos concursantes, así que mientras más concursantes tengas, mayores visitantes tendrás. También puedes vender entradas al resto de la gente de la iglesia o del barrio.

Al final, deberás tener un jurado preparado para decidir cuáles han sido las mejores exposiciones. Podría ser un ganador por los niños, otro por los preadolescentes, otro por los adolescentes y otro por los jóvenes mayores. Sin embargo, también puede haber premios para el mejor talento de todos, o lo que sea que puedas inventar. No existen límites.

61 RIFA AL 50%

Organiza una rifa donde el premio sea la mitad de lo recaudado. Ofrece boletos y al pago por cada boleto ingrésalo en algún contenedor transparente con llave, así podrás animar a la gente a contribuir con más ganas.

62. NOCHE DE CINE

Elige junto con los chicos qué película quieren presentar, recordando que el punto es que mucha gente compre el ticket para ayudarlos.

Puedes preparar aperitivos, bebidas y cobrar un precio por la entrada y otro por la comida. No necesita ser un monto muy alto, aunque eso dependerá de la generosidad de la gente de tu congregación.

Lo ideal es planificarlo y anunciarlo con tiempo para que toda la iglesia esté enterada y la gente pueda traer a sus invitados, a fin de que pueda asistir la mayor cantidad de gente posible.

Siempre es recomendable que veas toda la película antes de pasarla en la función para que puedas estar seguro de que no hay ninguna falla o alguna escena algo "incómoda". No olvides que lo importante es la difusión y precios módicos para tener éxito.

Hoy existen algunas productoras que distribuyen películas cristianas de buena calidad y quizás consigas hacer algún "Avant premiere" o estreno si lo arreglas con ellos.

63. CARRERA DE 5K

Organiza una carrera de 5K en tu comunidad. Las carreras son una manera fácil y única para recaudar fondos en tu zona. Establece una suma para la inscripción de los competidores. Busca patrocinadores en comercios locales que puedan ayudarte a publicar y hacer el evento más profesional, con vallas y un podio importante. A los comerciantes del rubro deportivo les interesará mostrar el nombre de su empresa en la publicidad del evento, y quizás sea posible conseguir el apoyo de la municipalidad o alcaldía. Además, será importante obtener los permisos para interrumpir el tránsito si vas a ocupar algunas calles para realizar el evento.

Para hacer la carrera más divertida y memorable puedes darle un color especial, como blanco para presentar la pureza o verde para recordar la protección del medio ambiente, o quizás hacer la carrera en un feriado patrio, y que solo se puedan usar los colores de la bandera de tu país en la vestimenta de los participantes.

64. GUERRA DE BANDAS MUSICALES

Una guerra de bandas de música bien planeada es un excelente evento para recaudar fondos. Puedes cobrar una inscripción a las bandas que participen o una entrada a los asistentes o ambas cosas, o pedirle a cada una que venda 25 entradas para poder participar.

Asegúrate de buscar jueces que tengan conocimientos de música. También vende bebidas, comida y aperitivos durante el evento. El lugar y una buena publicidad son siempre claves para que tenga éxito, y hoy en día puedes hacer una muy buena campaña en las redes sociales para lograr que se viralice la propuesta. Busca personas que puedan donarte los premios para la banda ganadora o también alguna compañía de instrumentos musicales o de equipos relacionados con la industria de la música.

65. KARAOKE EN...

Organiza una noche de karaoke con la ayuda de algún restaurante local. Una opción para que este no te cobre por usar el lugar es asegurarte de que los participantes consuman alimentos y bebidas, o arreglar un consumo mínimo con sus entradas y quedarte con un porcentaje.

Si el lugar tiene un lindo escenario, aunque sea pequeño, y a la gente de tu iglesia le agrada la idea de ir a ese lugar, te asegurarás de que la propuesta vaya mucho más allá de solo un rato de karaoke.

66. DESFILE DE MASCOTAS

A toda familia que tenga mascotas le gustará la idea de que sus cuadrúpedos, alados o sirenas tengan un día distinto.

Elige bien un lugar adecuado y anuncia con tiempo la actividad.

Divídelas en categorías y para incentivar a la gente, puedes decirles que necesitas un mínimo de inscriptos por categoría; las categorías pueden ser graciosas y no tan solo tener en cuenta el tipo de animal. Claro que puedes tener las categorías de perros, gatos, ratones y loros, pero también puedes tener la mascota más pequeña, la más grande, la más fea, la más amenazante, la más parecida a su dueño o la más guapa. Que los participantes paguen una inscripción por hacer desfilar a sus mascotas, y así te asegurarás tener un ingreso económico y pasar un buen momento en familia.

67. PERROS LIMPITOS

Una actividad que puede sumarse a la anterior y cobrarse por separado o hacerse de manera independiente, es un día de baño de perros.

Obviamente, tendrás que aprender a hacerlo, y es preferible que tus voluntarios sean mayores para que nadie salga lastimado (ni los perros ni tus humanos).

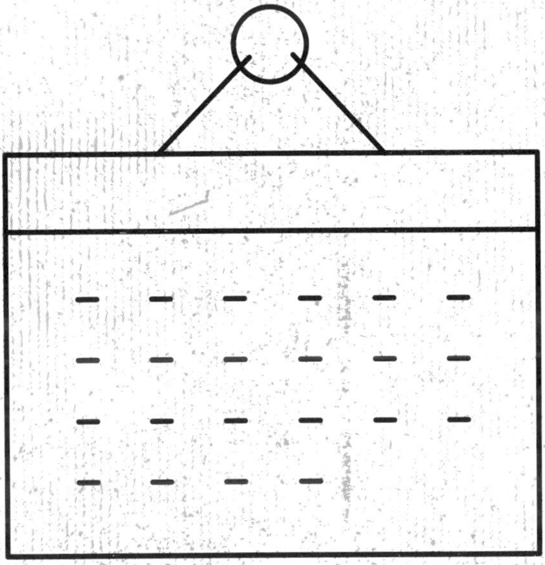

IDEAS

para fechas especiales

68. SERENATA EN EL DÍA DEL AMOR

Los jóvenes o adolescentes de la iglesia invitarán a las personas de la congregación a comprar una serenata para su persona amada, durante el fin de semana del día del amor. El plan es ir con tu equipo de voluntarios (incluso puedes tener dos o más equipos para cubrir más clientes), llegar a la casa de las personas que la encargaron y ofrecerles el espectáculo.

La gente de la iglesia puede contratarlos para ir a cantarle a familiares o a gente del barrio, o claro, también a sus esposos, esposas, novios y candidatas.

Los equipos pueden componer sus propias canciones de amor (esto puede ser divertido) pero es ideal que se prepare al menos una canción clásica. El grupo de cantantes puede vestirse de mariachis y tener algún joven disfrazado de cupido o corazón, o lo que sea que llame la atención y contribuya a lograr una actividad inolvidable además de rentable.

69. AYUDA EN EVENTOS ESPECIALES

Siempre que haya un evento especial como bodas, quince años, cumpleaños, etc., es necesaria la colaboración de muchas personas; aquí es donde tu grupo de chicos entrará en acción. Ofrece a algún organizador de este tipo de eventos mano de obra para ayudar en el montaje y desmontaje de mobiliario y/o para hacer la limpieza del lugar, a cambio de una donación de dinero. Cuantos más jóvenes y adolescentes lleves, más rápidamente se terminará con la tarea asignada.

Para muchos comercios, este tipo de donaciones son deducibles de impuestos si la iglesia puede extender un recibo que certifique la donación.

70. VENTA DE FLORES

Para ocasiones especiales como el día de la madre o el día del amor y la amistad, o también cuando se celebren bodas y fiestas de quinceañeras, puedes comprar flores al por mayor, cintas, tarjetas y otras cosas que se te vengan a la mente, para así poder hacer unos simpáticos arreglos florales que puedes ofrecer a las personas de tu congregación o comunidad para esas ocasiones.

También puedes hacerlo en una esquina concurrida o brindar el servicio incluyendo envíos a domicilio para casas, oficinas, colegios, etc, por un costo adicional. No olvides verificar con el gobierno de tu ciudad si es necesario tramitar algún permiso para vender en la vía pública.

Ten cuidado de no comprar una cantidad de flores que luego no puedas vender; no vivirán por demasiado tiempo y cuando se marchiten ya no te servirán.

Aprovecha internet para buscar los mejores arreglos florales, y dependiendo de su complejidad o tamaño, deberás darles un precio diferente.

71. DULCES EXÁMENES FINALES

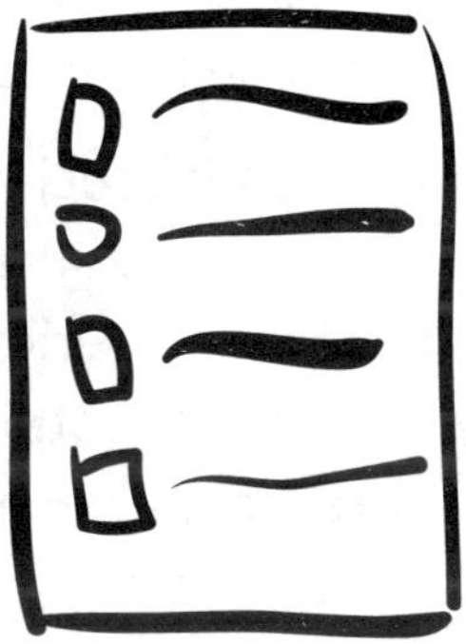

Una manera de animar a tus estudiantes universitarios durante sus períodos de exámenes finales es enviándoles paquetes con bocadillos, dulces, galletas y otras cosas que les gusten. Arma un par de opciones y ofrécelas a sus padres por un precio accesible. Por una suma adicional puedes ofrecer entregas a domicilio. Podrás incluir a los chicos más pequeños para ayudarte en el armado de los paquetes.

También se pueden poner en canastas o cajas que se decorarán con cosas que a los universitarios les gusten.

72. BIBLIAS DE GRADUACIÓN

La Sociedad Bíblica Internacional y otras asociaciones bíblicas siempre cuentan con biblias a muy bajo costo que puedes personalizar con el logo de tu ministerio o algún otro diseño que quieras incluir, y que pueden ser un excelente regalo para quienes se gradúen de sus estudios.

Habla con las sociedades bíblicas contactándolos por medio de sus páginas web (como por ejemplo www.biblica.com/america-latina/), prepara un presupuesto y luego busca patrocinadores que te ayuden a cubrir la inversión, agregando un porcentaje de beneficio para el ministerio (por ejemplo, si a cada Biblia te la cobran 3, que el patrocinador ponga 4 por cada una por el diseño y el uso que les darás).

73. VERANO REFRESCANTE

Si tu localidad tiene un clima ideal para celebrar el cierre del ciclo escolar y el inicio del verano, organiza una feria acuática. Puedes pedirle a algún parque de tu comunidad que tenga piscina donar un par de horas de uso de sus instalaciones, o pedirle descaradamente la casa a algún miembro de la iglesia que tenga un buen patio con piscina.

Vas a necesitar mucha agua e imaginación. Incluye en la actividad guerras con globos llenos de agua, un deslizante con detergente (es mucho más divertido y ahorras mucha agua, ya que el detergente ayuda a resbalar mucho más fácil) y otros juegos que no impliquen agua. Cobra una entrada por persona, y como siempre, también podrás ofrecer comidas y bebidas por un costo adicional.

74. BAILE SIN BAILE

¡Puedes anunciar un baile para el día del amor y la amistad sin hacerlo y que te paguen por él! Solo imprime invitaciones formales como la que te muestro a continuación:

> El grupo de_____
>
> Tiene el placer de invitarlo al Baile sin baile
>
> A beneficio de ___________
>
> El baile no se llevará a cabo el día_______ en ninguna parte, a ninguna hora, así que no asistas

CONFIRMAR

¡Ahí estaré! Aquí está mi donación para un traje que no pienso comprar

Gracias por la invitación. Será un placer no ir y donar el dinero para ayudarlos en la recaudación de fondos para ___________

A esta idea le puedes encontrar otras variantes.

75. ¡CAMPEONATO MUNDIAL DIGITAL!

Cada vez que hay campeonatos importantes de algún deporte en los que todos están interesados, puedes repetirlos de forma digital por medio consolas de videojuegos.

La Copa América o la Copa Europea de Naciones, el Mundial de Fútbol, las finales de la NBA, la Serie Mundial u otras opciones que sean atractivas para tu gente pueden ser una buena posibilidad para organizar un campeonato de videojuegos.

Lo primero que tenemos que considerar es el espacio donde se realizará y contar con un par de consolas de última tecnología con muchos controles y joysticks, además de un par de pantallas gigantes para que no solo los jugadores sino todos los asistentes puedan ver los juegos.

Promociona la actividad y crea el ambiente necesario decorando el lugar e incluso poniendo música para acompañar el evento.

La mejor parte será la convocatoria de los jugadores; elige un precio de inscripción que sea accesible y que motive a las personas a ganar. Busca patrocinadores que te den regalos especiales para el ganador o designa una parte del dinero recaudado para este. También puedes vender entradas a los espectadores y tener a la venta dulces o bebidas como ingreso extra.

Difunde publicidad digital, vía redes sociales y realiza la convocatoria. Luego dispone un día para hacer el sorteo de los grupos y equipos, define la fecha y hora donde darán inicio los partidos y luego sigue un fixture de eliminación mundialista y tendrás al cabo del tiempo dos finalistas. Invita a todos tus jóvenes a ser el público de los partidos y que ellos elijan sus equipos. En caso de que no tengas espacio suficiente como para hacer algo tan grande como, por ejemplo, para 16 personas, piensa en un grupo de 8 y llévalos de una vez a octavos de final. El objetivo será pasarla bien, disfrutar y recaudar fondos a través de esta actividad.

76. FESTIVAL DE PRIMAVERA

Para celebrar la llegada de la primavera, procura encontrar un predio con espacio suficiente como para realizar concursos de carreras de sacos, llevar animales de granja para los más pequeños, hacer juegos tipo feria y competencias de postres. Cobra una entrada y ofrece snacks y bebidas para la venta, y si te animas, invita también un par de bandas musicales conocidas. Busca que los adultos de la congregación donen los snacks y bebidas que se venderán y también puedes ofrecerles a los comercios cercanos ser patrocinadores del festival e incluir en la promoción su logos. Puedes establecer este festival o picnic como una actividad anual y aprovecharlo para hacer muchas de las otras ideas de este libro, a la vez que signifique una buena ayuda para el prepuesto anual de tu ministerio.

77. GALLETAS DEL DÍA DE

Durante el año siempre tenemos eventos especiales muy agradables de compartir. Año Nuevo, Navidad, Día de la Amistad y el Amor, Día del Padre, Día de la Madre, de la Independencia y hasta la celebración del Día del Lápiz en algunos países de Latinoamérica. El objetivo será que consideres alguna de esas próximas fechas como una oportunidad para recaudar fondos. Busca a alguien en la iglesia que sepa hacer galletas y a otro que sea muy bueno para hacer paquetes y decoraciones. Hagan juntos unas pruebas de galletas para esos eventos, tómenles unas fotografías y armen con ellas un catálogo con las diferentes opciones y tamaños.

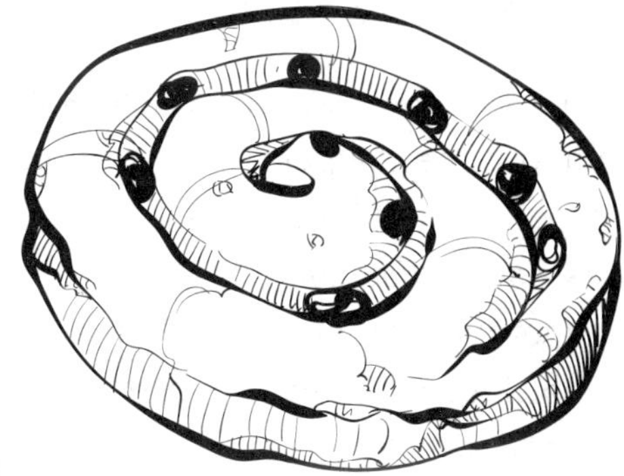

Una vez hecho esto, según el tamaño y el tipo de paquete, fija un precio para entregarlos a domicilio, o bien repártelas en la iglesia el próximo fin de semana o directamente llévalas a la iglesia y coloca en una mesa algunas galletas ya preparadas y empacadas. Con este proyecto no solo buscarás recaudar fondos sino celebrar y festejar esas fechas; de esa forma, el ministerio de jóvenes para cada fecha contará con ese detalle especial.

Ofrece distintos tipos de galletas y sabores, como vainilla, mantequilla, chocolate, sin gluten, integrales y con esto podrás abarcar un mercado de consumidores más amplio.

78. MUÑECOS DE NIEVE... O CASTILLOS DE ARENA

Si vives en un lugar donde nieva en invierno o el verano tiene temperaturas como para tener una temporada de playa, organiza un evento especial para darle la bienvenida. Qué mejor que hacer una competencia de muñecos de nieve o de castillos de arena. Promociónalo y cóbrale una entrada a cada persona que desee participar para ganar el gran premio, ya sea individualmente o por equipos. También puedes organizar otros tipos de juegos durante la actividad para así incluir a más gente. Si tu trofeo es atractivo y añades banderas, muchas fotos y lo publicas en las redes sociales, la actividad puede llegar a ser un tremendo éxito.

79. REVENTA DE ENTRADAS

Prepárate con tiempo para algún evento al que mucha gente de tu zona quiera ir y busca a sus organizadores para comprarles entradas por anticipado al mejor precio posible. El atractivo para ellos consistirá en poder empezar ya con algo de dinero a su favor y asegurarse de que tienen algunas entradas vendidas antes de iniciar la promoción del evento. Deberás pelear bien el precio y si te parece adecuado, cuéntales que tu objetivo será usar la ganancia para alguna causa de tu ministerio.

El evento puede ser deportivo, artístico, cultural o algún congreso cristiano importante que se haga en tu zona.

Lo que deberás hacer después de comenzada la promoción, será anunciar los planes para participar grupalmente y explicarás que ya tienes entradas disponibles y que, si las compran en la iglesia en vez de directamente a los organizadores del evento, un porcentaje será para ayudarte en tu ministerio. El precio que fijes puede ser igual al oficial o podrás agregarle un plus, ya que, si les explicas que al comprarte a ti no solo obtienen su entrada sino que también te ayudan, muchos querrán hacerlo.

Para esta iniciativa vas a necesitar invertir bastante dinero y luego tener paciencia, pero a largo plazo puede ser una idea que te aporte buenos ingresos para el ministerio.

IDEAS

para la época navideña

80. LA GRAN OBRA

Navidad es sin dudas un tiempo especial y una gran oportunidad para enfocar la atención en Jesús y su historia, y qué mejor que teatralizar la historia navideña y a la vez sumar ingresos económicos para las metas de tu ministerio.

La idea de la gran obra no es la típica obra teatral de Navidad con los niños de la iglesia sino una obra más adulta y con una producción acorde a ello, quizás empleando animales reales y utilizando efectos especiales además de muchos ensayos y un buen libreto que combine lo ya conocido con algunos elementos sorpresa.

Si el espacio no te permite recibir a todos los asistentes que quisieras, piensa en hacer más de una función el día o el fin de semana señalado y desde el principio anuncia más de una función; eso le indicará a la gente que la obra va en serio. En algunos países, hay iglesias que han recibido premios por sus obras navideñas y han informado importantes ingresos económicos para sus causas.

Si la vas a usar como una oportunidad evangelística para tu congregación, anima a los miembros a que compren entradas para invitar a otros, y crea además entradas reales para que los invitados sepan que quienes los invitan pagaron por ello y así lo aprecien más.

Sinceramente, la primera vez que la hagas, habrá un poquito de desconfianza en lo que sucederá, pero si los sorprendes el primer año, ten por seguro que al año siguiente todos percibirán la importancia de invertir en esta idea.

81. ENVOLTORIOS PARA REGALOS

Esta actividad puedes hacerla de dos maneras; una de ellas es hablar con alguna tienda local para que acceda a que los chicos del grupo de jóvenes te ayuden a envolver regalos. Usualmente en temporada navideña este tipo de negocios tienen un espacio destinado a tal fin. La otra opción es hacerlo en la puerta o atrio de entrada de tu congregación. También la casa de algún miembro de tu iglesia que esté situada en alguna avenida concurrida puede servirte. Pide a los adultos de la congregación que donen los materiales necesarios para los envoltorios.

82. DULCES NAVIDADES

A medida que se acerca la época de Navidad, puedes aprovechar y vender postres para recaudar fondos. Haz una lista de las opciones disponibles y averigua entre los padres y los jóvenes quiénes estarían dispuestos a hornear y donar. Toma los pedidos entre las personas dentro o fuera de la congregación y establece días de entrega. Esto lo puedes hacer de manera repetida y es un ingreso seguro.

83. SERVICIO DE DECORACIÓN NAVIDEÑA

Ofrece el servicio de colocar y retirar las decoraciones navideñas en tu comunidad o entre los miembros de tu congregación. Imprime folletos promocionando el servicio y envía emails a los negocios de tu ciudad. Puedes establecer un precio por el servicio o bien que hacerlo por donación.

84. BAZAR NAVIDEÑO

Busca dentro de tu iglesia o comunidad personas que realicen manualidades navideñas. Las artesanías siempre son muy apreciadas. Con esta actividad puedes obtener ganancias de dos maneras: la primera es invitando a las personas que hacen las manualidades a que las traigan al bazar y cobrarles por el espacio que van a ocupar. La otra es buscando donaciones de artículos artesanales y venderlos en alguno de los espacios que tengas disponibles. Hay lugares donde se venden al por mayor este tipo de artículos; en caso de que no tengas suficientes donaciones puedes comprarlos allí y luego venderlos. No te olvides de ofrecer también bebidas y algunos aperitivos para la venta durante el desarrollo de la actividad, así también podrás obtener más ingresos.

Este tipo de evento necesita de una organización previa y de marketing, para lograr la asistencia del mayor número de personas.

85. CONCURSO DE DECORACIONES DE CASITAS DE GALLETA DE JENGIBRE.

Quizá no sea muy común en tu localidad, pero es una actividad muy común durante Navidad en muchas ciudades del mundo y puedes intentarlo. Invita a los chicos con sus familias e incluye en el precio de inscripción el kit para hacerlas. Esos kits frecuentemente puedes encontrarlos en los supermercados y si no, son fáciles de reemplazar. Recuerda incluir en el precio de inscripción el costo de los materiales. Esta es una linda actividad para que las familias se queden después de la reunión principal de la iglesia.

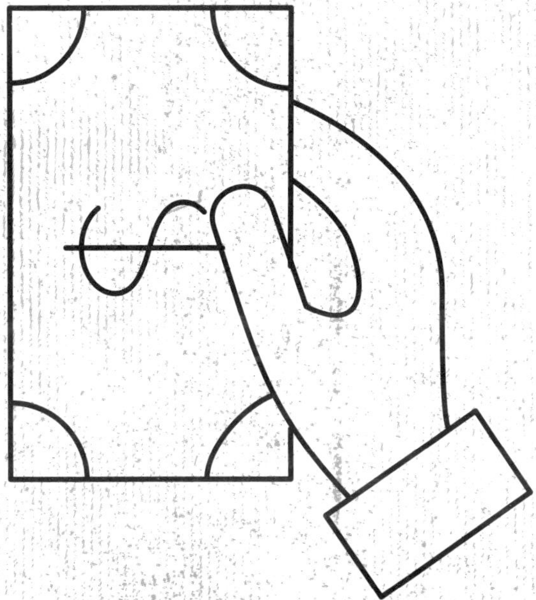

IDEAS

de generosidad

86. BANCO DE ROPA

En las grandes ciudades es muy común que cada año las familias promedio tengan ropa que por diversos motivos ya no usan y que, a su vez, haya hogares que se beneficiarían mucho de tenerla. Por eso, es una buena idea recolectarla durante todo el año en algún lugar especial de la iglesia y organizar una feria para venderla a muy bajo precio.

Por supuesto, puedes hacer esto gratis pero no te asombres si aun las familias de menores recursos se sientan mejor comprándolas que si se la regalan. Aunque la venta sea a precios muy bajos y vayas sumando dinero de a poco, lograrás una obra altruista y conseguirás así algo de fondos para el ministerio.

87. RECICLA CELULARES

No todas las personas pueden tener el último modelo de celular, pero en el mundo de hoy casi todos necesitan uno y, sobre todo, hay padres que no saben qué hacer cuando los hijos llegan a la edad de querer tener uno.

Por eso, puedes hacer una campaña de donación de celulares usados para luego venderlos a mitad de precio a familias de menos recursos que los necesiten.

Incluso puedes contactar a algunas de las compañías de telefonía celular más grandes y explicarles que representas a una iglesia y lo que quieres hacer, explicándoles que puedes hacerles un comprobante de donación si te donan una buena cantidad. No descartes esta opción. Puedes sorprenderte al encontrar que muchas compañías multinacionales tienen incluso hasta una obligación legal de hacer donaciones a organizaciones sin fines de lucro como una iglesia.

88. APOYO A HOGARES DE ANCIANOS

Los hogares de ancianos siempre necesitan ayuda y una buena actividad para adolescentes es visitar alguno cada tanto y llevarles canciones y un rato de buena compañía. Además, puedes lir más allá y colaborar con tus voluntarios en la cocina o en la limpieza del lugar. El hogar de ancianos te podría pagar una suma que esté a su alcance por esa colaboración, algo que de todas maneras tendrían que hacer si contrataran ellos mismos a alguien.

89. LA HINCHADA (PORRA) PRESTADA

Esta idea te va a demandar un tiempo para explicarlo y promocionarlo, pero una vez que la idea tome

su rumbo podrá ser una actividad muy divertida en muchos sentidos. La idea consiste en rentar o alquilar una hinchada o porra compuesta por tus jóvenes para ir a alentar a un equipo o a un individuo que necesite apoyo anímico, o simplemente es una buena forma de hacerle alguna broma a alguien.

Los pasos a seguir luego de que vendas "el servicio" es tener claro el horario y que tus voluntarios sepan bien lo que tiene que gritar o cantar.

Si te presentas con un grupo grande de jóvenes y adolescentes en algún partido o juego de ligas de niños o escolar, será muy notable para todos que alguien o que determinado equipo pequeño tenga una gran hinchada, sobre todo si todos se visten de los colores señalados y tienen pancartas hechas de cartón con los nombres a destacar. Además, impresionarás muy bien a quienes te vean hacer esto, y les puedes dar testimonio de que son los jóvenes de tu iglesia.

90. SERVICIO DE MUDANZA

Para este servicio necesitarás principalmente de algunos jóvenes musculosos y con buena actitud que estén dispuestos a transportar y acomodar muebles como voluntarios. Una regla básica es que muchas

personas bien organizadas pueden hacer el trabajo más fácilmente y en menor tiempo.

El gran desafío que tendrás, además del trabajo normal de una mudanza, es que te será muy difícil mantener los mismos voluntarios por mucho tiempo. Lo recomendable sería que dejes en claro que es un servicio que se ofrece exclusivamente los sábados o los domingos por la tarde, o el día que te parezca bien; así sabrás que esos días dispones de voluntarios que se habrán comprometido contigo previamente.

Otra dificultad surge si en tu país hace falta contratar un seguro laboral cuando se involucra a voluntarios para este tipo de trabajos, y también deberás pensar en cómo te las arreglarías si algo se rompe o daña. Pero claro, la ventaja que tienes es que, si tu iglesia es de corte familiar, todo se manejará allí por un precio más accesible que el que tendría una empresa de mudanzas; podrás ayudar a una familia y recibir un buen pago por el trabajo (y, de hecho, un efecto adicional de esta idea es que algunos de tus jóvenes puedan aprender una profesión).

91. VEGETALES IRREGULARES

Si el mercado o tienda de frutas y verduras de tu comunidad tiene siempre productos perfectos o que casi lo son, no es porque siempre vengan así sino porque normalmente los mercados descartan los vegetales que vienen de formas irregulares, aunque más allá de lo estético estén en perfectas condiciones.

Si tienes un mercado central grande cerca tuyo y hablas con ellos aprenderás que suelen vender por muy poco dinero ese tipo de verduras a los restaurantes o incluso los tiran, ya que no los consideran aptos para el consumo debido a que la gente los rechaza. Esta es tu oportunidad de conseguirlos a muy bajo precio o prácticamente por nada y ofrecerlos en tu iglesia, explicando que lo haces para bendecir tu ministerio.

Un minimercado orgánico o de frutas algún día por la mañana puede ser un buen servicio a la comunidad, ya que los podrás vender más baratos y a la vez puede también suponer un ingreso económico.

92. LA GRAN ZAPATERÍA

Esta idea es la misma que la del banco de ropa, pero hecha ahora con calzado. Puedes hacerla sola o combinarla con la de ropa. Si juntas calzado durante todo el año y destinas un día para venderlo podrás tener suficiente como para satisfacer a muchos y lograr al mismo tiempo una experiencia como de fiesta al respecto.

IDEAS

para servir a los niños y a sus padres

93. SPA DE MADRES E HIJAS

Las mamás siempre sueñan con ver a sus hijas hermosas y disfrutar un día con ellas, así que una buena idea es preparar un día en la iglesia ofreciendo cortes de pelo, peinados, arreglo de uñas, maquillaje, clases de maquillaje y otras propuestas por el estilo para que ambas disfruten.

Una opción para monetizar el esfuerzo es cobrar una entrada fija y otra es cobrar por cada servicio. Ambas son buenas posibilidades; una tercera sería invitar a varias familias a colaborar pensando especialmente en madres e hijas que no sean de la iglesia.

Si quieres lograr una experiencia más "profesional", en lugar de voluntarias puedes contratar profesionales de tu área o al menos de la iglesia y lograr que te hagan un descuento del 50%; la idea es que puedan cobrar algo por su día de trabajo al tiempo que promocionan sus servicios.

Decora el lugar a tono con lo que está sucediendo, consigue buena música ambiente y regala una tarjeta de agradecimiento a cada participante.

94. LA SÚPER OBRA DE TÍTERES

De la misma manera que puedes preparar una gran obra de teatro con tus jóvenes para que disfrute toda la iglesia y atraer al mismo tiempo a otros jóvenes, también puedes hacer con ellos una buena obra de títeres destinada a los niños de la iglesia.

Prepárala bien, con excelencia y una buena historia que resulte instructiva, y no tengas temor de cobrar la entrada si vas a lograr un buen programa que les guste a los chicos. Deberás intentar que los padres la encuentren atractiva también (aunque claro, también puedes prohibirles la entrada como broma).

95. EL DESAYUNO DE PADRES E HIJOS

Seguramente tienes a varios adultos en la iglesia a quienes les gusta cocinar y seguro podrás motivarlos a separar un sábado o domingo temprano a la mañana para ofrecer un desayuno especial para padres e hijos.

Asegúrate de tener una buena cantidad del menú esperado, pero también ofrece algo exótico. Para esta ocasión, puedes cobrar por un menú fijo o también hacerlo según lo que ordenen los comensales, como ocurriría en cualquier restaurante.

96. DESAYUNO PARA NIÑOS NECESITADOS

Obviamente, con esta iniciativa la prioridad será bendecir a esos niños y a las familias que se vayan a beneficiar y, en segundo lugar, que este pueda ser un gran testimonio y herramienta evangelística para tu ministerio con los niños. También puedes juntar un extra de dinero por el trabajo de tus voluntarios y usarlo para otras causas ministeriales que Dios te ha encargado.

97. FOTOS ARTESANALES

Con algunos materiales especiales como fondos fotográficos, antifaces, bigotes y barbas, lentes chistosos y sombreros, y recurriendo a alguien que sepa de fotografía, puedes vender fotos familiares y, sobre todo, de niños pequeños, lo que suele ser un gran negocio.

Consigue algunos de esos fondos que ya traen una imagen impresa o fabrica con tus jóvenes el decorado según la ocasión y ármate de paciencia para sacarles fotos a los más pequeños.

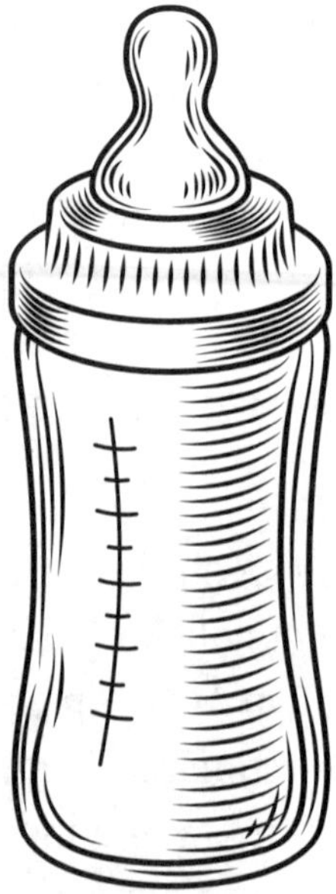

98. SERVICIO DE BABY SHOWERS

Cuando una mamá está por tener un bebé, se suele realizar una fiesta previa a su ansiada llegada que en muchos países se conoce como baby shower. Estas fiestas suelen ser femeninas y de amigas de la mamá embarazada, pero no hay ninguna regla escrita de que deba ser solo cosa de mujeres, aunque quizás en tu comunidad así lo prefieran.

El punto es que tu grupo de jóvenes, en particular las chicas, pueden especializarse en preparar estas fiestas en la iglesia, ya que muchas mamás no las hacen por no tener la posibilidad de invitar a sus amigas o hermanas de la iglesia a su casa y tener algo para ofrecerles. Y tampoco saben que incluso podrían pedirle un salón a la iglesia para hacerlo.

Esta es una gran oportunidad para bendecir a las mamás, y tu grupo podrá tener todo el servicio listo con muy poco; incluso podrá ser donado por las amigas o venir a cambio de una entrada muy accesible que incluya refrescos y algo dulce para compartir.

Si eres parte de una iglesia con muchas futuras mamás, hasta puede ser una actividad continua que te ocupe gran parte del año y suponer un ingreso continuo de fondos.

99. NINJA WARRIORS

Con tus jóvenes y la ayuda de adultos de la iglesia, prepara un buen circuito de obstáculos al estilo de los programas de TV que se vean desafiantes para los niños, pero sean lo suficientemente seguros como para evitar que les duela algo más que el orgullo cuando se caigan.

Dependiendo de tus posibilidades, puedes improvisarlo con mesas, sillas y algunas estructuras prestadas, o bien construir con madera, caños y tubos de plástico algunas estructuras fijas que luego puedas guardar para uso futuro.

Consigue suficientes colchones y colchonetas. Una buena idea es pedir colchones que ya no se usen, sacarles la cubierta y cortarlos en partes para hacer protectores a medida según lo necesites.

A los niños les encantará el desafío y podrás cobrar por recorrido completo, por obstáculo superado o bien vender un pase general por todo el tiempo que lo usen.

100. LA TARDE DE LOS ABUELOS

Si hay alguien que consiente a los niños son los abuelos, y tu ministerio puede ser su gran cómplice preparando una tarde especial para ellos y sus nietos.

Puedes hacer la actividad alrededor de una merienda. Que haya galletas, jugos, quizás té y algunas cositas más, y añade algunos juegos de mesa en el que puedan participar todos y cuyas reglas sean bien fáciles. También puedes hacer un bingo u ofrecer una película al estilo de "Mi pobre angelito" o desempolvar clásicos como "Los tres chiflados". También puedes entregar un premio especial por la foto más antigua que los abuelos lleven o la que más vergüenza les dé.

Los abuelos estarán felices de ayudarte y de pasar un momento con sus nietos, y si además estos se divierten con sus amigos, lograrás un combo explosivo que te pedirán que repetir todos los años.

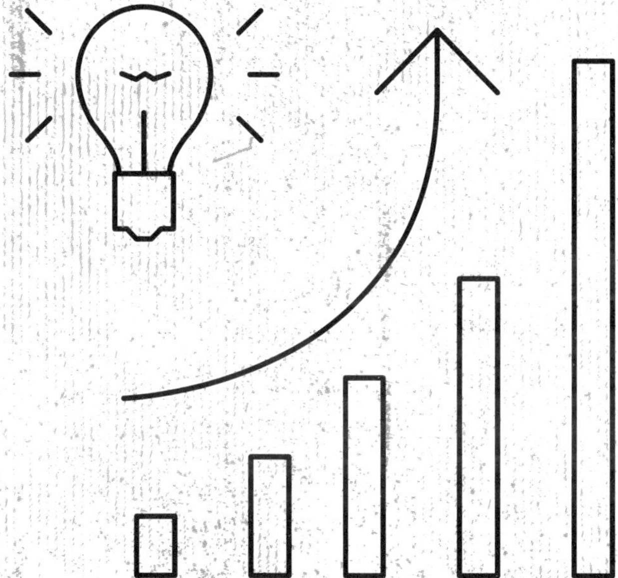

5 trampolines de creatividad

1. DERROCHA GRACIA

2. CUIDA LOS DETALLES

3. MODELA ESFUERZO

4. TRABAJA EN EQUIPO

5. SÉ VALIENTE

† = ♥ derrocha GRACIA

Una de las razones principales de por qué suele faltar creatividad en muchos grupos de personas de todo tipo es porque quienes son parte de ellos no perciben que hay espacio para el error. Es decir, todos tienen temor a equivocarse y que se los regañe o que se burlen de ellos y eso coarta la expresión y la creatividad. El temor es uno de los principales enemigos de la creatividad y el único antídoto contra el temor es el amor incondicional y la gracia que echan fuera el temor a expresarnos.

Enséñales a tus jóvenes que entre los cristianos podemos «equivocarnos en confianza» y algo puede salir mal y no es ninguna tragedia.

A distintos roles distintas reglas y el ministerio de nuevas generaciones no es el lugar para que todo sea profesional y salga bien, sino que debe ser un refugio para que el perfume de la gracia haga que cualquier mal olor pase desapercibido.

La gracia es el primer y más poderoso trampolín para la creatividad de tu grupo.

Cuida los Detalles

Seguramente escuchaste por ahí que hay que hacer las cosas con excelencia, pero no muchos explican que eso no quiere decir que las cosas sí o sí tienen que ser perfectas ni tampoco se suele señalar que la excelencia se crea con pequeños detalles y no necesariamente los más vistosos. Por ejemplo: demasiados líderes ponen toda su atención en lo que sucede en el escenario, pero no en lo que sucede en la entrada al saludar a los que recién llegan y ambas cosas tienen un impacto poderoso.

Siempre piensa en cada detalle de lo que sucede en tu ministerio y presta atención a lo que aparentemente nadie ve.

Modela el Esfuerzo

Liderar es un privilegio que se gana sirviendo y los mejores líderes no le piden nada a sus liderados que ellos no estén dispuestos hacer. Claro que eso no significa que tú tienes que hacer todo, pero sí significa que cuando les pides algo no es por comodidad o porque consideras que tú eres demasiado importante como para hacer esa tarea. Muestra esfuerzo y ellos se esforzarán. Muestra compromiso y ellos se comprometerán.

Trabaja en Equipo

Si un ministerio depende de una sola persona es un ministerio débil, no importa cuántos asistentes haya en ese grupo. Cualquier tipo de éxito será aparente y pasajero. El verdadero éxito tiene que ver con fidelidad a una misión y la misión de un ministerio cristiano es el discipulado que acompaña a la madurez en Cristo y por eso en casi todas las ideas de este libro damos a entender que es fundamental que los participantes sean los protagonistas del ministerio y no solamente el público de un gran líder.

Trabaja en equipo con ellos, con otros líderes que sean buenos para lo que tú no eres bueno. Suma padres e incluso abuelos y apoya a otros ministerios de la iglesia. Dios nos hizo para vivir en comunidad y la calidad de tus relaciones es la verdadera calidad de tu vida.

Sé Valiente

Tus jóvenes y tu equipo se animarán a practicar la fe en la medida en que la vean en acción en tu vida. Demasiados ministerios se estancan porque, aunque tienen líderes que son buenas personas y tienen buenas intenciones, son líderes demasiado preocupados por la crítica o el fracaso o tienen un apetito exagerado por agradar a todo el mundo. Juégatela y se la jugarán quienes te siguen. Anímate a equivocarte y a ser criticado y ellos se animarán también. Equivocarse no es sinónimo de pecar. A veces las cosas salen mal pero nunca sabremos si funcionan si no probamos. Los que hay que hacer es medir costos y si el costo es simplemente que alguien piense que te equivocaste, ¿qué importa? La historia no la escriben los que saben hacer las cosas sino quienes las hacen.

ALGUNAS PREGUNTAS QUE DEBES RESPONDER:

e6
25

¿QUIÉN ESTÁ DETRÁS DE ESTE LIBRO?

Especialidades 625 es un equipo de pastores y siervos de distintos países, distintas denominaciones, distintos tamaños y estilos de iglesia que amamos a Cristo y a las nuevas generaciones.

e625.com

¿DE QUÉ SE TRATA E625.COM?

Nuestra pasión es ayudar a las familias y a las iglesias en Iberoamérica a encontrar buenos materiales y recursos para el discipulado de las nuevas generaciones y por eso nuestra página web sirve a padres, pastores, maestros y líderes en general los 365 días del año a través de **www.e625.com** con recursos gratis.

zona de contenido
PREMIUM

¿QUÉ ES EL SERVICIO PREMIUM?

Además de reflexiones y materiales cortos gratis, tenemos un servicio de lecciones, series, investigaciones, libros online y recursos audiovisuales para facilitar tu tarea. Tu iglesia puede acceder con una suscripción mensual a este servicio por congregación que les permite a todos los líderes de una iglesia local, descargar materiales para compartir en equipo y hacer las copias necesarias que encuentren pertinentes para las distintas actividades de la congregación o sus familias.

INSTITUTO
e6
25

¿PUEDO EQUIPARME CON USTEDES?

Sería un privilegio ayudarte y con ese objetivo existen nuestros eventos y nuestras posibilidades de educación formal. Visita **www.e625.com/Eventos** para enterarte de nuestros seminarios y convocatorias e ingresa a **www.institutoE625.com** para conocer los cursos online que ofrece el Instituto E 6.25

¿QUIERES ACTUALIZACIÓN CONTINUA?

Regístrate ya mismo a los updates de **e625.com** según sea tu arena de trabajo: Niños- Preadolescentes- Adolescentes- Jóvenes.

¡APRENDAMOS JUNTOS!

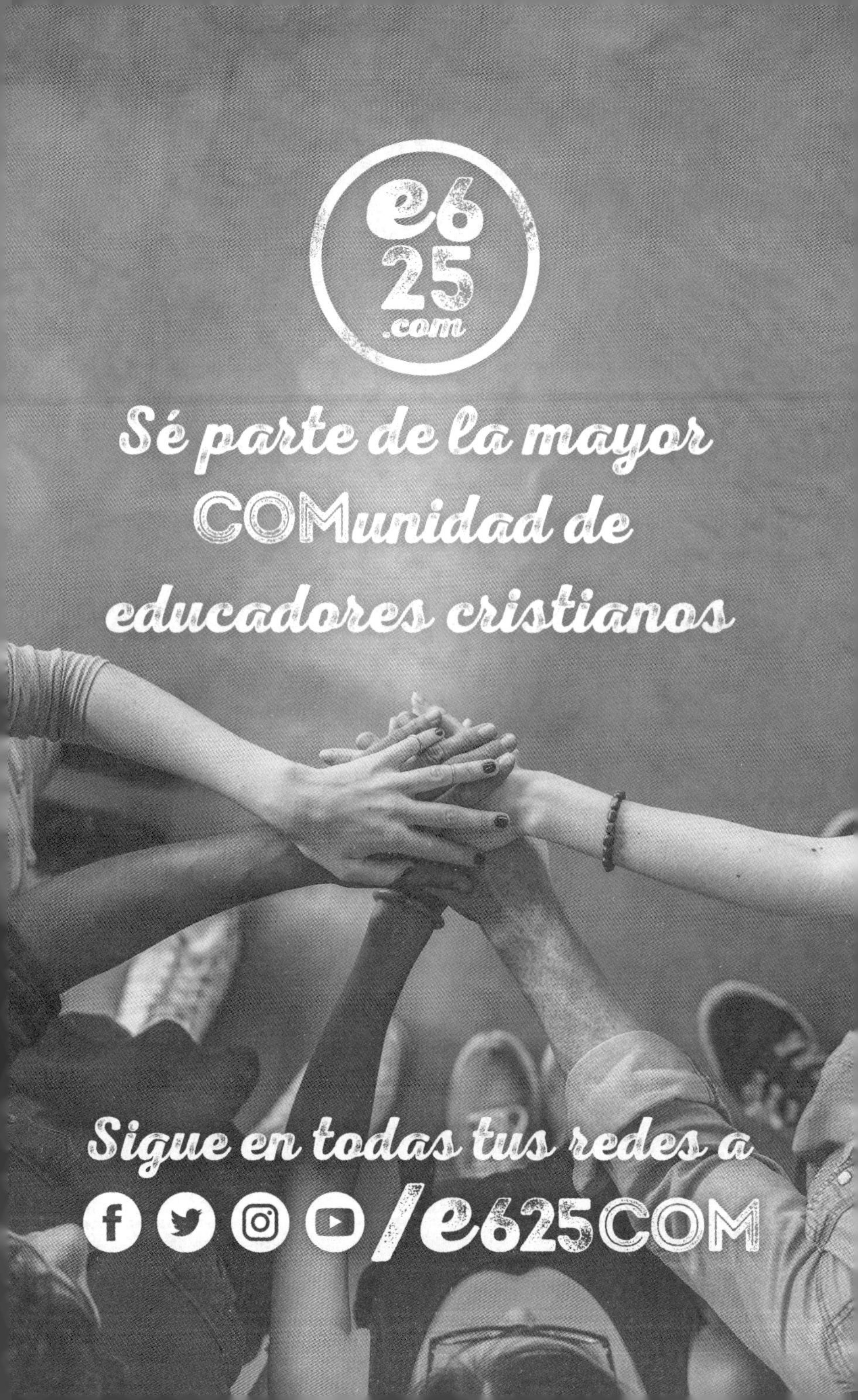
e6 25 .com
Sé parte de la mayor
COMunidad de
educadores cristianos
Sigue en todas tus redes a
/e625COM

¡Suscribe a tu iglesia para descargar los mejores recursos para el discipulado de nuevas generaciones!
zona de contenido
PREMIUM
SUSCRIPCIÓN POR IGLESIAS
Lecciones, Series, Guías, Revista, Investigaciones, Videos, Audios y más
e625.com/premium